Los dueños del planeta

Actualidad

Cristina Martín Jiménez

Los dueños del planeta

Ellos contra nosotros

mr · ediciones

Ediciones Martínez Roca, un sello editorial de Editorial Planeta, S. A.
Avda. Diagonal, 662-664, 08034 Barcelona (España)
www.mrediciones.com
www.planetadelibros.com

Adaptación de la cubierta: Booket / Área Editorial Grupo Planeta
Ilustración de la cubierta: © Pencil ilustradores
Primera edición en Colección Booket: marzo de 2024

Depósito legal: B. 1.890-2024
ISBN: 978-84-270-5240-6
Impresión y encuadernación: Liberdúplex, S. L.
Printed in Spain - Impreso en España

Biografía

Cristina Martín Jiménez es escritora *bestseller*, conferenciante y doctora en Ciencias de la Comunicación-Periodismo con la primera tesis de estructura crítica sobre el Club Bilderberg en el mundo, calificada con sobresaliente *cum laude* y Mención Internacional. En su extensa obra ha predicho el estado y los acontecimientos actuales del mundo. Hace catorce años identificó en uno de sus libros las «tácticas de la pandemia, del cambio climático *provocado por el hombre* y de la creación de líderes artificiales» como armas para la implantación de un orden mundial totalitario. El libro fue censurado durante siete años en España y se reeditó en 2017 con el título *Los amos del mundo están al acecho* (Ediciones Martínez Roca). Cristina es políticamente incorrecta y autodidacta. Hace dos décadas abrió un nuevo campo de investigación que hoy siguen miles de personas, y es una fuente de inspiración para los jóvenes periodistas. Le caracteriza la apabullante documentación y las pruebas contrastables aportadas en su obra. Nadie ha llegado tan lejos como ella, por lo que está considerada como un referente en el análisis de la plutocracia global, así como una autoridad internacional a la que todos quieren entrevistar. Sus últimos libros, *La verdad de la pandemia*, *La Tercera Guerra Mundial ya está aquí* y *Los dueños del planeta* se han convertido en verdaderos fenómenos editoriales.

www.cristinamartinjimenez.com

@cristinamartinjimenezescritora

@crismartinj

@cristinamartinjimenez

www.youtube.com/@CristinaMartinJimenezEscritora

En Instagram y Twitter está bajo *shadow ban*, una forma de censura disimulada. Wikipedia ha eliminado su perfil y Facebook suspendió su cuenta en mayo de 2021.

A Gonzalo, por la alegría que me causa
contemplar el Amor en estado puro.
Que eres tú, que nos regalas generoso.

A Victoria, mi diosa de alma bella y libre.
Mi persona favorita.

Jesús dijo a sus discípulos:
Tened cuidado de los falsos profetas, que se
presentan cubiertos con pieles de ovejas,
pero por dentro son lobos rapaces.
Por sus frutos los reconoceréis.
¿Acaso se recogen uvas de los espinos
o higos de los cardos?
Así, todo árbol bueno produce frutos buenos
y todo árbol malo produce frutos malos.
Un árbol bueno no puede producir frutos malos,
ni un árbol malo, producir frutos buenos.
Al árbol que no produce frutos buenos
se lo corta y se lo arroja al fuego.
Por sus frutos, entonces, los reconoceréis.

(Mateo 7, 15-20)

Índice

Introducción
Plutocracia *versus* Verdad

> No cabe duda, en efecto, de que la Divinidad utiliza a ciertos hombres con el fin de castigar la maldad de otros y hace de ellos en cierto modo unos carniceros antes de aniquilarlos.
>
> Plutarco

Desde los tiempos más remotos, la humanidad se ha organizado en torno al poder, un poder siempre gestionado y dominado por unas élites encargadas de marcar el rumbo y el destino de las sociedades. Más allá del sistema de gobierno que estas impusieran —la madre que fecunda y amplía la tribu, la ley del más fuerte, la democracia, la monarquía, la república, el imperio, el globalismo de Estado—, los poderosos han tenido diferentes «rostros» y han actuado en nombre de intereses diversos según el contexto histórico en el que se encontraran. El caso es que, fuera cual fuese el marco político, desde el que el mundo es mundo, unos pocos —muy pocos— han gobernado sobre todos los demás, han decidido cómo se debe vivir y pensar, y han actuado en función de sus intereses particulares. Obviamente hay casos excepcionales que rompen esta regla, pero, por lo general, el dominio de una oligarquía[1] pri-

---

[1] La oligarquía es una forma de organización y dominación política que puede ser ejercida por clases, fracciones, clanes o grupos sociales en función del linaje, la tradición, la raza, el parentesco, la religión, las alian-

vilegiada ha dado forma a la historia de las civilizaciones. Y cuando esa clase dominante es al mismo tiempo la más rica, nos encontramos con lo que se denomina «plutocracia», el grupo de los ciudadanos adinerados que, precisamente por su riqueza, ejerce una influencia directa en los Gobiernos de los países soberanos.

Desde hace varias décadas y en el contexto actual —geopolítico-socioeconómico—, que, como ya saben mis lectores, yo denomino Tercera Guerra Mundial, los principales plutócratas que gobiernan el mundo han adquirido un gran protagonismo: no solo son los hombres más ricos, sino que se han convertido en personajes-ídolos a los que imitar y adorar sin que nadie —o *casi* nadie— se atreva a cuestionarlos, ni a ellos, ni el origen de sus inmensas y obscenas fortunas, ni sus distintas formas de actuación. Distintas, sí, pero, como veremos a lo largo del libro, semejantes en su estilo abusador y déspota, e incluso iguales al estar regidas por un mismo fin: el control total de la vida —material y espiritual— de las personas y del planeta que habitamos (unos 8.000 millones de seres, según las cifras oficiales).

Hablamos de la nueva plutocracia del siglo XXI. No son políticos, no son intelectuales ni sabios, ni cuentan con una larga experiencia en el viejo arte de gobernar sociedades. Sin embargo, por el simple hecho de poseer gigantescas fortunas se consideran a sí mismos —debido a su soberbia sin límites— políticos, intelectuales y sabios. Se creen los dueños del planeta y, para seguir agrandando y fortaleciendo su poder, se alían con

---

zas, el estamento militar, la posesión de las tierras, el dominio de la tecnología, la ancianidad o el conocimiento.

el mismo vigor con el que rivalizan y se pelean entre sí mientras desde sus atalayas doradas observan todos y cada uno de nuestros movimientos para asegurarse de que *nadie se sale del redil.* Sus principales ámbitos de actuación son la tecnología, los medios de comunicación, la ciencia, la cultura, la especulación financiera, la ingeniería social, las ciencias del comportamiento y la inteligencia artificial. Y convencidos de que el fin justifica los medios, se han propuesto ganar el combate definitivo contra los seres humanos y el ideal que nos define como tales —la Singularidad, la Verdad y la Libertad—, además de manipular la naturaleza de nuestra genética para culminar su obra transhumanista mediante la creación del nuevo *Homo Tecno.*

En efecto, vivimos tiempos de guerra. Y no solo hablo de la guerra que las élites globalistas —occidentales— le han declarado a Rusia y las que libran en otros territorios (con menos gancho publicitario) del planeta. La actual es, esencialmente, una guerra psicológica encubierta en la que la propaganda, la manipulación y la ingeniería social —tan bien analizadas y trabajadas durante años por los «científicos del comportamiento humano»— constituyen las principales armas, con las que construyen una serie de «psicoescenarios» para sembrar el miedo entre la población. Incluso podríamos hablar de «la gobernanza del pánico» o de cómo someternos con el viejo grito «¡que viene el lobo!» que lanzaba aquel pastor mentiroso para divertirse de lo lindo asustando a sus vecinos. Lo hemos visto con la *pandemia* de la Covid-19, con el encarcelamiento en nuestras casas y con la criminal campaña de *vacunación* mundial; lo vemos con el permanente bombardeo publicitario sobre el apocalipsis climático y la llegada del fin del mundo; lo vemos con los constantes ataques y las difamaciones contra el disidente, el «hereje», el crítico, el libre...

En definitiva, contra quienes no aceptamos como verdaderos los mandamientos de esta nueva plutocracia que, tal y como reconoció en 1952 el coronel C. D. Jackson, asistente principal del presidente Eisenhower en materia de guerra psicológica y director de la revista *Time,* pretende «ganar la Tercera Guerra Mundial sin tener que combatir» en un campo de batalla usando las armas clásicas. Estamos en guerra, sí, y puesto que se trata de una guerra que se libra en diferentes frentes y contra enemigos diversos y «difusos», las armas han de ser variadas, poliédricas, y poseer diferentes puntos de mira para causar el impacto deseado.

En mis dos libros anteriores *(La verdad de la pandemia* y *La Tercera Guerra Mundial ya está aquí)* me centré en desvelar los entresijos de la nueva guerra que nos están haciendo las élites sin que aún muchos se hayan percatado. Quieren dirigirnos al matadero como si fuésemos borregos. Han comprado millones de voluntades mediante la construcción de un relato «políticamente correcto», lleno de dogmas teocráticos, que, en realidad, oculta unos intereses espurios de los cuales los medios globalistas —de su propiedad y al servicio de su poder— no hablan. Pretenden anular nuestra capacidad de pensamiento crítico al tiempo que nos bombardean con conceptos como «democracia», «libertad de expresión» o «progreso». Como veremos, entre los que se consideran a sí mismos dueños del planeta, la hipocresía, el cinismo y la amoralidad constituyen el denominador común universal. Es un *ellos contra nosotros* persistente y todos estamos en peligro.

* * *

En la actualidad, podríamos entender el Poder como la capacidad de cambiar —para bien o para mal— la vida de las personas (8.000 millones de almas). La tentación es bestial, pero la competencia también, lo que explica que sean pocos los que verdaderamente lo alcanzan. A lo largo del siglo XX y lo que llevamos del XXI lo hemos visto en innumerables ocasiones: las élites necesitan ser aceptadas por los ciudadanos, pues de lo contrario corren el riesgo de ser derrocadas, eliminadas y/o sustituidas. Es decir: si les desobedecemos, ¿qué capacidad de influencia tendrían? Ninguna. No conseguirían cambiar nuestras vidas y, por tanto, perderían su poder. Por ello, para lograr esa aceptación y sumisión social tienen que convencernos de que los necesitamos.

Ahí es donde entra la manipulación psicológica —del pánico—, que se ha convertido en un arte necesario y cada vez más sofisticado: Agendas 2030-50, organismos supranacionales (ONU, OMS, FMI, BM, OTAN), ONG, fundaciones filantrópicas, corporaciones mediáticas, movimientos civiles subvencionados, psicoescenarios pandémicos, catástrofes inminentes, terrorismo desinformativo, relato único… Y todo con un solo fin: domesticar el rebaño y crear un estado de opinión —y de ansiedad— que avale y justifique sus intereses y sus actos, y que les mantenga eternamente en la cima del Olimpo, claro. Si todos temían y respetaban a Zeus era porque los científicos de la época carecían de los conocimientos para explicar cómo se producen los rayos. Si todos los habitantes del planeta conocieran cómo se crea una psicopandemia, ninguno habría obedecido los protocolos *covidianos* y las élites plutócratas no habrían podido mantenernos encerrados en casa mientras arruinaban nuestros negocios.

El poder de cambiar la vida de las personas depende del conocimiento que estas tengan. El dinero de los plutócratas les sirve para construir un estado de ignorancia global. No ostentan el poder porque sean más sabios, más inteligentes o más *expertos,* sino porque tienen el dinero para mantener a raya el conocimiento y a quienes accedemos a él y lo usamos con inteligencia.

En las últimas décadas hemos visto cómo unos cuantos ultrapoderosos han ocupado el Olimpo de los «dioses» y cómo con sus vergonzantes fortunas influyen en nuestras vidas y en nuestras decisiones. Ya no están ocultos como antaño; se exhiben con total desfachatez porque se han creído que son los amos del mundo y que todos los demás los miramos —o eso deberíamos hacer— con admiración, envidia e incluso agradecimiento. Como acabamos de señalar, en Occidente controlan los ámbitos de la tecnología, de la ciencia y la inteligencia artificial, de los medios de comunicación, de la cultura, de la especulación financiera, de la alimentación y las energías (fósiles y renovables), y mantienen turbias relaciones con el poder político y los servicios secretos, creando una interdependencia entre ellos que llega a límites asombrosos.

Sin embargo, veremos que los ámbitos de actuación son compartidos, y es que se necesitan los unos a los otros para establecer alianzas e implantar su hegemonía. Los medios de comunicación necesitan a las redes sociales y viceversa; el poder político necesita la colaboración de las grandes empresas tecnológicas para llegar a los ciudadanos y, por supuesto, la financiación para alcanzar la presidencia de los Estados —lo que convierte a los políticos en deudores de sus «padrinos» por encima de la fidelidad a sus votantes—; los ciudadanos necesitan energía, alimentos y suministros para sobrevivir, a los medios de comunicación para informarse y a los gigantes tecnológicos para relacionarse, opinar y estar «conectados» con el mundo.

La gran red de dependencia que han construido es como una gigantesca tela de araña que no para de crecer y desarrollarse, cada vez más espesa y amenazante, cada vez más perversa. Con ella pretenden dominarlo todo, y en su infinito envanecimiento se creen capaces de controlar hasta la muerte, convenciéndonos de que, como si de una enfermedad se tratase, el ser humano puede no envejecer y, por tanto, vivir eternamente. El que pueda pagarlo, claro, porque para el resto han dispuesto la eugenesia: a fin de cuentas, no se cansan de repetir que sobran personas en el que consideran «su planeta». Para la nueva plutocracia del siglo XXI, los límites no existen; no hay reglas morales ni principios básicos que actúen como freno. Llegar a lo más alto y mantenerse en la cima del Monte Olimpo —con el beneplácito de todos nosotros— es su única pauta de comportamiento. Nada más importa.

* * *

En este libro *no están todos los que son, pero sí son todos los que están*. He elegido a los diez —en realidad, once— hombres que, a mi juicio, están entre los que más influencia tienen en el incierto devenir de Occidente.

Elon Musk, Jeff Bezos, Bill Gates, Mark Zuckerberg, Warren Buffett, Mohammed bin Salmán, Larry Fink, Rupert Murdoch, George Soros, Larry Page y Sergey Brin. Los dos últimos comparten capítulo porque juntos han trabajado para crear el reino del Inframundo que es Google, sin el cual parecería que nada ni nadie existe. Todos ellos se han arrogado el derecho —que nadie les ha dado— de decretar nuestros destinos, convirtiéndonos en marionetas, ya sea de las salvajes leyes de mercado —establecidas por ellos mismos— y de la especulación financiera (Fink, Buffett, Soros); de los medios de comunicación (Murdoch, Musk, Bezos, Zuckerberg, Fink, Soros); de la industria energética (Bin Salmán, Fink, Buffett), y de los «avances» tecnológicos y científicos (Musk, Bezos, Zuckerberg, Page y Brin).

Algunos aparecen con frecuencia en los medios de comunicación; otros permanecen ocultos en el sombrío reino de la especulación. Varios no solo son ultramillonarios, sino que se dedican a darnos lecciones y a sermonearnos desde sus ONG y fundaciones filantrópicas, que no solo escapan a cualquier control por parte de los Estados, sino que suscriben contratos con los gobernantes. Han decidido crear un nuevo orden mundial generando nuevas alianzas o, como Mohammed bin Salmán, «chantajeando» a quienes hasta hace bien poco les trataba como un paria. Viven en grandes mansiones y, por lo general, les gusta alardear de su poder, aunque transmitan cierta imagen de despreocupación y de ser hombres corrientes. No nos engañemos: no lo son. Dominan el mundo visible —la política, las guerras, la Bolsa, la energía, los medios de comunicación— y pretenden dominar el mundo invisible, es decir, nuestras mentes y almas, de la manera más perversa que se pueda imaginar: controlando nuestras opiniones, nuestras aspiraciones y deseos como seres humanos y, por supuesto, decidiendo por nosotros en qué debemos creer y en qué no. Y ya que se trata de *creer,* la consigna está clara: tenemos que *creer en ellos,* que por algo —y para algo— están en la cima del Olimpo.

Es exactamente lo que sucedía con los soberbios dioses y héroes de la mitología griega y romana, que hacían y deshacían a su antojo. Sus características más destacadas me han servido como modelo arquetípico para describir tanto la personalidad como la forma de actuar de los personajes que se biografían en este libro: a Elon Musk lo identifico con Dioniso, dios de los excesos; a Bill Gates, con Ícaro, que acaba quemando sus alas de tan cerca que llegó del sol; a George Soros con Hermes, el «mensajero de los dioses», dios del comercio y también del engaño...

Y es que los arquetipos se repiten de forma cíclica en el tiempo. Son esencias antiguas que perviven y ayudan al ser humano a entender el mundo que le rodea desde que comenzó a contarse a sí mismo su propia historia y a compartir relatos alrededor del fuego vivificador. El arquetipo es la materia literaria y psicología del alma. Zeus, Dioniso, Kronos, Ícaro, Lucifer, Ares... Son modelos psicológicos, tan viejos como cercanos, que nos muestran las profundidades del alma de las personalidades que hoy ponen del revés y en peligro nuestra era.

Las pautas de comportamiento de dioses antiguos y «dioses» modernos son asombrosamente parecidas, lo que me lleva a recordar y a subrayar que la Historia se repite y no tiene piedad. Eso sí, el lector se dará cuenta inmediatamente de una diferencia sustancial: en el Olimpo plutócrata del siglo XXI no hay mujeres. ¿Cómo es posible? ¿Dónde están las equivalentes a las diosas Afrodita (diosa del amor), Atenea (diosa de la sabiduría) o Deméter (diosa de la fertilidad y de la agricultura)? ¿Por qué entre las élites globalistas contemporáneas tan solo hay hombres? ¿Acaso hablamos de un poder heredado de varón a varón?

A lo largo del libro veremos que estos nuevos plutócratas actúan con la vanidad y la displicencia que, en los relatos mitológicos de la Antigüedad, movían a dioses e incluso al mismísimo Zeus —dios de dioses—, todos ellos provistos hasta la médula de arrogancia, de espíritu competitivo y codicia, lo que en última instancia causaba su desgracia. ¿Acaso son estas características *esencialmente* masculinas? ¿Hemos incorporado a las mujeres sencillamente para sobrevivir? Son preguntas complejas y largas de responder y las dejo aquí para que el lector reflexione a partir de su propia experiencia y observación.

De lo que no tengo duda es de que, cuando alguien se siente dueño del universo, tarde o temprano da un paso en falso y su poder, por muy grande que sea o haya sido, se viene abajo como un castillo de naipes. ¿Es esto lo que les espera a los actuales dueños del planeta? Sin duda, hay multitud de señales que los más avispados ya estamos observando. ¿Puede la omnipotencia aventajar y destruir la naturaleza humana y el libre albedrío que nos han acompañado desde el inicio de los tiempos? Aunque haya quien pretenda descifrar el futuro, nadie sabe a ciencia cierta qué va a ocurrir en las próximas décadas. Sin embargo, en este libro veremos que las «excelsas misiones» de los autoproclamados «dueños del planeta» están comenzando a sufrir un estrepitoso fracaso.

1
Elon Musk
Ebrio de poder

Ven, bendito Dioniso, de varios nombres, de rostro de toro,
engendrado de Trueno, famoso como Baco.
Dios Bassariano, de poder universal,
a quien las espadas, la sangre y la sagrada ira deleitan.
En el cielo regocijándose, Dios loco, ruidoso,
inspirador furioso, portador de la vara.
Reverenciado por los dioses, que habitan con género humano,
venga propicio, con mente de mucho regocijo.

Himno órfico a Dioniso

Conocido como el dios «libertador», la mitología griega sitúa a Dioniso en uno de los lugares más icónicos del Olimpo por su carácter vitalista y multifacético, capaz de dirigir una comunicación fluida entre los vivos y los muertos y de crear la famosa atmósfera «dionisiaca», caracterizada por la libertad, el juego, la farsa, la locura, el caos y el éxtasis. Dioniso fue fruto de la relación extraconyugal que mantuvo Zeus con la mortal Sémele, hija del rey de Tebas. Para ocultarle de la vengativa mirada de Hera, la esposa «oficial» de Zeus, este decidió que al pequeño Dioniso lo criara un cortejo de sátiros, faunos, centauros y ninfas que habitaban en el monte Nisa, un lugar remoto y apartado del Olimpo donde el dios aprendió la cultura de la vid y las principales técnicas de la agricultura. Siendo aún muy joven y, según cuentan, por casualidad, Dioniso elaboró una bebida fermentada —el vino— que pronto causó el asombro y la admiración entre los mortales. Quizá por ello el poeta Homero describe al dios como la «alegría de los hombres», motivo por el que se celebraban en su honor rituales en los que los participantes se sentían dominados por el júbilo y el frenesí hasta el punto de parecerles que se trascendían a sí mismos.

Dioniso está considerado el dios del exceso y la exaltación, de la rebeldía, de la libertad y del inconformismo. Es un dios que, a causa de su ebriedad y su ensimismamiento, se cree llamado a realizar una misión única y fabulosa que cambiará el mundo de los humanos para siempre. No en vano en psicología se habla del «complejo de Dioniso», que se da en aquellos —casi siempre varones— cuyas transgresiones buscan compensar sus propias carencias por medio de una vida ficticia en la que se vanaglorian de logros falsos para sentirse aceptados socialmente.

Como veremos a lo largo del libro, el narcisismo y el exceso son rasgos compartidos por los principales «dioses» del siglo XXI. Su inmenso poder, sus formidables fortunas y la ausencia de límites en su personalidad constituyen su particular manera de presentarse ante un mundo al que consideran demasiado pequeño para su «incuestionable» grandeza. Pero, quizá, entre todas las divinidades del actual Olimpo de los Intocables, la más controvertida y fascinante sea la que encarna Elon Reeve Musk, el Dioniso de nuestra era, que vincula al ser humano con el Cosmos para entusiasmarle con un futuro vitalista que amenaza con transformar nuestra vida hasta extremos que no somos capaces de imaginar. Al menos esa parece ser su intención.

NOMBRE COMPLETO: Elon Reeve Musk
NACIMIENTO: 28 de junio de 1971, Pretoria (Sudáfrica)
NACIONALIDAD: sudafricana, canadiense y estadounidense
ESTUDIOS: Universidad de Pensylvania (Economía y Física)
OCUPACIÓN: empresario, inversor
EMPRESAS RELACIONADAS: Zip2, X.com, PayPal, SpaceX, Tesla, SolarCity, Neuralink, Twitter
PATRIMONIO ESTIMADO: 185.400 millones de dólares (según *Forbes,* diciembre de 2022)

EL NUEVO DIOS DEL GLOBALISMO

> El verdadero problema de la humanidad es que tenemos emociones paleolíticas, instituciones medievales y tecnología divina.
>
> E. O. WILSON

No basta con ser el hombre más rico del mundo, con una fortuna que en 2022 llegó a estar valorada en más de 350.000 millones de dólares (veremos al final del capítulo que en los últimos meses ha pasado a la segunda posición en el *ranking* de los más ricos, con una fortuna que supera los 185.000 millones de dólares)[1]; hay que ser el hom-

---

[1] En el momento de la redacción del capítulo, Elon Musk ocupaba la primera posición en el *ranking* de los hombres más ricos del mundo según la revista *Forbes*. Los últimos escándalos en sus múltiples empresas lo han relegado a la segunda posición, aunque, por supuesto, se mantiene

bre más poderoso del universo conquistando planetas y, aún más, transformando el espacio. Entre otros, ese es el objetivo de Elon Musk, que pretende adueñarse del sistema solar, de la galaxia entera y, de paso, de quienes viven en ella.

Elon Reeve Musk nació en Pretoria (Sudáfrica) el 28 de julio de 1971. Es el mayor de tres hermanos. Su madre era una reconocida modelo que trabajó como nutricionista, y su padre, Errol, un reputado ingeniero electromecánico. Cuando Elon tenía solo ocho años, sus padres se separaron, lo que le creó numerosas inseguridades. De hecho, Musk, quien en un programa de televisión reconoció que tiene síndrome de Asperger (trastorno del neurodesarrollo que forma parte de los Trastornos del Espectro del Autismo), sufrió abusos emocionales y físicos desde muy pequeño por parte de su progenitor, lo que lo convirtió en un niño asustadizo y «torpe» al que también maltrataban sus compañeros en el colegio. Encontró refugio en la lectura —sobre todo, de libros de ciencia ficción— y en los ordenadores (se cuenta que aprendió a programar a los nueve años), y a los doce creó Blastar, un videojuego que vendió por 500 dólares y que aún está disponible. A los diecisiete años, el joven Elon abandonó Sudáfrica, se marchó a Canadá —en parte, para librarse del servicio militar obligatorio— y, dos años después, a Esta-

---

como uno de los hombres más poderosos, y sus palabras, nunca exentas de polémica, siguen siendo de las más leídas y escuchadas. No en vano, Musk lidera uno de los dos bandos en la actual guerra mediática por el control del planeta que yo denomino Tercera Guerra Mundial.

dos Unidos para seguir estudiando en la Universidad, primero en Ontario y luego en Pensilvania, donde se licenció en Economía y Física. Poco después de graduarse comprendió, con su brillantez divina, que el mundo le esperaba con los brazos abiertos... Analizó bien las cuatro áreas en las que, según él, existía un notable margen de mejora y un sinfín de posibilidades por explorar: Internet, la energía, la conquista del espacio y la inteligencia artificial. Y hacia ellas se dirigió.

En 1995, cuando tenía veinticuatro años, se mudó a California para estudiar en la prestigiosa Universidad de Stanford, el nido de Silicon Valley, a la que solo asistió dos días, ya que dejó los estudios para fundar, junto a su hermano Kimbal, su primera compañía, Zip2, que inicialmente se dedicaba a proporcionar licencias de *software* de guías de ciudades *on-line* para los periódicos —muchos la señalan como el germen de lo que hoy es Google Maps—. Apenas cuatro años después, Musk vendió la *start-up* a Compaq, empresa de ordenadores personales que llegó a convertirse en el mayor fabricante de PC durante la década de los años noventa del siglo pasado. No había duda de que el joven Musk tenía olfato para los negocios.

Durante su época de estudiante había descubierto que era posible vivir con un dólar al día, comprando fruta y salchichas al por mayor en el mercado y hartándose de la misma comida mañana, tarde y noche[2]. Así fue como supo que

---

[2] https://www.elobservador.com.uy/nota/curiosidades-de-elon-musk-2016729500

llegaría lejos: si era capaz de sobrevivir con treinta dólares al mes, podría lograr cualquier cosa que se propusiera. Dicho y hecho. En menos de tres décadas, Elon Musk se había convertido no solo en el hombre más rico del planeta, sino en una de las figuras más poderosas, imitadas y controvertidas del posglobalismo del siglo XXI. Como Dioniso, es el dios rebelde, el generador el caos, el subversivo que ha decidido retar al *establishment* globócrata de Estados Unidos. Es el icono del movimiento contracultural de los millonarios.

Y cuidado con él, porque de momento ha demostrado que nada se le escapa cuando se pone a mirar a su alrededor en busca de nuevos retos. Su segunda empresa fue X.com (1999), una firma de servicios financieros *on-line* y un sistema de pago por correo electrónico en la que Musk sufrió una traición épica, de esas que solo protagonizan los dioses. Mientras Elon y su primera mujer, la escritora Justine Wilson, disfrutaban de su viaje de luna de miel, su amigo y socio Peter Thiel aprovechó para clavarle un puñal por la espalda y destituirlo de la junta directiva como director ejecutivo de X.com nombrándose a sí mismo. A Dioniso-Musk, la miel selenita debió de hacérsele hiel y, aunque suspendió su viaje de amor para coger el primer avión de regreso, la traición ya estaba consumada. La estrategia de su «amigo» triunfó y la influencia de Musk en la compañía decreció considerablemente. Sin embargo, su riqueza aumentó, porque poco después X.com se unió a Confinity, compañía que creó el servicio de pago PayPal (en 2000). Con la fusión, Musk ganó 165 millones de dólares. Dos años después, eBay compró PayPal por 1.500

millones de dólares. Como vemos, los ceros comenzaban a acumularse en su cuenta[3].

Esta jugada le revistió con un nuevo nombre (ya saben que los dioses tienen miles para magnificar su poder): la Mafia de PayPal, título con el que se designa a la camarilla formada por los antiguos miembros del equipo de PayPal que luego fundaron sus propias compañías. Y miren qué fue lo que fundaron: LinkedIn (Reid Hoffman), YouTube (Chad Hurley, Steve Chen y Jawed Karim), Space X y Tesla Motors (Elon Musk), Palantir Technologies (Peter Thiel), Yelp (Russel Simmons y Jeremy Stoppelman), y Jammer. Tenemos aquí a lo mejor de cada casa: los dioses de las *Big Tech* casi al completo.

La obsesión por el Cosmos y el *marketing* del lujo

Como hemos avanzado, con el dinero conseguido con la venta de PayPal a eBay, en 2002 Musk creó SpaceX (Space Exploration Technologies), cuyo objetivo último es «abaratar» el precio de los viajes al espacio. Un empeño en el que, como veremos en el siguiente capítulo, rivaliza con otro de los grandes dioses de nuestra era, Jeff Bezos, creador del proyecto espacial Blue Origin. Al parecer, con lo que hay en la Tierra no tienen bastante… ¿O quizá es que desean mandarnos a los pobres mortales al espacio exterior para no tener que ver,

---

[3] Con la operación Elon Musk ganó 180 millones de dólares después de pagar los correspondientes impuestos. De ellos invirtió 100 millones en la creación de SpaceX, 70 millones en Tesla y 10 millones en SolarCity.

aunque sea de refilón, nuestras preocupaciones, siempre tan mundanas, cuando se acerca el pago de la hipoteca y el momento de ir al supermercado a hacer la compra? Será cosa de acostumbrarse a vivir con un euro al día y alimentar a los hijos con naranjas y salchichas. Y si no, pues a vivir en Marte que, gracias a hombres como Musk, terminará siendo un planeta de lo más acogedor y lleno de oportunidades. Eso es lo que nos vende; otra cosa es que lo consiga.

Pero, por si acaso, para los que se queden aquí, también es necesario explorar —y, de paso, conseguir unos cuantos ceros más— otra de las áreas con gran margen de crecimiento, la de las energías renovables, impulsando el vehículo eléctrico, ese objeto tan anhelado capaz de hacer frente a las constantes crisis del petróleo. En 2004, Musk se convirtió en uno de los primeros inversores del fabricante de vehículos eléctricos Tesla Motors, Inc. (ahora Tesla, Inc.), en su presidente, en su arquitecto de productos y, finalmente, en 2008, en su director ejecutivo. Es lo que se llama un «inversor ángel», que proporciona capital para una empresa a cambio, por lo general, de deuda convertible o capital social. Lo mejor de lo mejor: financian y ponen en marcha empresas «arriesgadas», las diseñan, las dirigen y les dan un toquecito «divino y angelical» para que tengan éxito y luego quedarse con ellas, claro. Además, en 2006, el magnate contribuyó en la creación de Solar City, empresa dedicada al almacenamiento de energía solar que posteriormente fue adquirida por Tesla. Como vemos, no hay sector puntero en el que Musk no ponga sus garras.

El caso es que la empresa estadounidense, con sede en Austin (Texas), desde 2003 diseña, fabrica y vende coches eléctricos, componentes para la propulsión de dichos vehículos, techos solares, instalaciones solares fotovoltaicas y baterías eléctricas. Su inmersión en el mercado ha estado marcada por una estrategia de *marketing* y publicidad que ha revolucionado el mercado automovilístico y pillado a contrapié a los grandes nombres de la industria. El bombardeo informativo sobre el cambio climático ha forzado a la mayoría de las empresas del sector del automóvil a buscar alternativas a los combustibles fósiles, y en este sentido los coches de Tesla se han convertido en los más deseados, en un ideal de producto de lujo al que solo los más poderosos pueden aspirar. Lo llamativo del caso es que los directivos de la compañía no gastaron mucho en publicidad, pero han demostrado ser unos linces utilizando los nuevos recursos de la globalización, principalmente las redes sociales (Instagram, Facebook y Twitter), convirtiendo sus productos en un objeto de estatus social fabricando pocas unidades para no tener pérdidas y generando de este modo una alta demanda con poca oferta[4].

Una de las particularidades de la estrategia de Tesla es que no vende sus coches a través de intermediarios, sino que la empresa controla todo el proceso de compra (su comercialización se concibió para ser enteramente *on-line* y/o en sus propias tiendas), sin intermediarios ni franquiciados, lo que permite a la compañía un mayor margen de beneficios. Pero, además, Tesla hace exhibiciones temporales de sus coches en centros comerciales de lujo de las ciudades más importantes

---

[4] https://www.esloganmagazine.com/estrategia-de-marketing-y-publicidad-de-tesla/

de Estados Unidos, Europa o Asia, donde los coches se exponen como si fueran joyas en un escaparate de la parisina Plaza Vendôme. El resumen que hace George Blankenship, director de ventas de Tesla, resulta revelador: «No queremos vender un coche a la gente, queremos que la gente nos compre un coche porque quiere [...], todo aquel que venga a una tienda Tesla hoy querrá comprarnos un coche en los próximos diez años»[5]. Exclusividad, deseo, lujo, millones de visitas en las redes sociales... Así es como la empresa de Elon Musk ha conseguido colocarse en el tercer puesto en el *ranking* de menciones de los usuarios, situación que no se entendería sin la participación del sudafricano en Twitter —tiene más de 125 millones de seguidores[6]— y uno de los motivos que le ha llevado a adquirir la red social en un más que controvertido proceso de compra plagado de luces y sombras (hablaremos de ello un poco más adelante).

Inteligencia artificial... ¿amigable?

El campo de la inteligencia artificial fue el siguiente objeto de deseo del sudafricano. De hecho, sin temor a exagerar, Musk ha revolucionado y transformado las bases de este ámbito de investigación —polémico de por sí—, creando una controvertida compañía, llamada Neuralink, cuyo propósito

[5] Ibíd.

[6] https://elpais.com/economia/2022-10-30/la-compra-de-twitter-contada-por-elon-musk-en-20-tuits.html

es incrustar microchips en los cerebros de las personas y conseguir que robots realicen cirugías cerebrales[7]. Es lo que se define como Inteligencia Artificial Amigable (FAI, por sus siglas en inglés), «amigable» porque el propio Musk debe de considerarse un «gran amigo» de la ciencia y de los humanos, aunque a estos, gracias a los planes del magnate, les quede poco para seguir siéndolo. De hecho, el propio Musk ha confesado que su mayor miedo es que la inteligencia artificial ponga fin a la raza humana... En 2021, en una presentación de la compañía, mostró a un mono jugando a un videojuego, el *Pong,* a cambio de un plátano como recompensa si ganaba la partida. Fue entonces cuando anunció ante el mundo entero —en éxtasis de vanagloria— lo que a él le parecía muy inspirador y el inicio de un futuro superior, aunque a mí me resultó un exceso dionisiaco más: «El mono es feliz y juega a videojuegos». La máxima aspiración de un tirano es tener a un rebaño domesticado, pero ¿a dónde nos llevaría a nosotros la inserción de su chip en el cerebro? Recordemos que Dioniso liberaba a las personas de su «ser normal» mediante la locura, dato que en por sí solo nos ofrece muchas pistas.

El trabajo que se desarrolla en Neuralink consiste en intervenir directamente en la corteza cerebral —la más reciente evolutivamente hablando—, que es donde se sitúan la percepción, la imaginación, el pensamiento, el juicio y la decisión[8], y desarrollar «interfaces cerebro-máquina que traten diversas

---

[7] Business Insider: https://www.businessinsider.es/neuralink-historia-empresa-elon-musk-microchips-cerebrales-1011861

[8] https://webspace.ship.edu/cgboer/genesp/corteza_cerebral.html

dolencias relacionadas con el cerebro, con el objetivo final de crear una interfaz para todo el cerebro capaz de conectar más estrechamente la inteligencia biológica y la artificial»[9]. Puesto que hablamos de inteligencia artificial «amigable», desde la empresa afirman que su fin es «ayudar a las personas con tetraplejía», brindándoles la capacidad de controlar ordenadores y dispositivos móviles directamente con sus cerebros»[10]. Por supuesto, los usos «no tan amigables» los pasan por alto.

El desarrollo tecnológico debe estar al servicio de las personas y no al revés. Si la inteligencia artificial aniquila la ética humana y avanza creando más dudas e inseguridades, acabará siendo un arma en manos de tiranos. Todos debemos implicarnos, porque las herramientas de IA pueden ser más peligrosas que las armas nucleares: destruyen sociedades, gobiernos, poblaciones, pensamientos... En mis libros anteriores *(La verdad de la pandemia* y *La Tercera Guerra Mundial ya está aquí)* ya hablé de cómo tiene lugar la manipulación mental del «público» desde el poder, y cómo este logra sus fines —políticos, económicos, sociales y culturales— interviniendo en las mentes de las personas y dirigiendo sus opiniones a través de, sobre todo, los medios de comunicación de masas. Elon Musk va un paso más allá, y, además de recorrer el mundo mostrando una imagen de tipo simpático y cercano, pretende controlar nuestros cerebros (lo que nos define como seres humanos) con un ordenador.

---

[9] https://forbes.es/empresas/138261/nueve-claves-para-entender-neuralink-el-proyecto-de-neurotecnologia-de-elon-musk/

[10] Ibíd.

A modo de curiosidad, solo decir que uno de los nueve hijos de Elon Musk (se ha casado tres veces) se llama X Æ A-12: «La X es una variable que representa una incógnita; el símbolo Æ significa "amor" en idioma de inteligencia artificial, y A-12 es el nombre del avión favorito»[11] del magnate y de su entonces pareja, la cantante Grimes. Una no puede evitar preguntarse cómo llamarán al pequeño en casa… O quizá es que no lo llaman y que con un simple clic en el ordenador sus progenitores se comunican con él. A fin de cuentas, según la Confederación de Autismo de España, «el cerebro de la persona con síndrome de Asperger funciona de manera diferente a la habitual, especialmente en la interacción social y en la adaptación flexible a las demandas diarias». Es decir, el trastorno «afecta a la comunicación verbal y no verbal, y quienes lo padecen muestran una «gran resistencia para aceptar los cambios y poseen campos de interés estrechos y absorbentes»[12].

Ni mucho menos pretendemos aquí frivolizar sobre una enfermedad que dificulta la vida diaria a millones de personas, pero no parece casual que una rigidez de pensamiento congénita dé como resultado una obsesión «enfermiza» por igualarnos a todos por medio de algoritmos y variables matemáticas… y, finalmente, llevarnos a Marte. Él mismo lo reconoció en una entrevista en el programa estadounidense de televisión *Saturday Night Live:* «He reinventado los

---

[11] https://hoycuriosidades.com/celebridades/curiosidades-de-elon-musk/

[12] Confederación Autismo España.

coches eléctricos y estoy enviando gente a Marte en un cohete. ¿Pensaban que sería un tipo normal y relajado?»[13]. En absoluto, un CEO que sale en su foto de perfil disfrazado de Devil's Champion, que fuma marihuana y bebe whisky durante una entrevista[14] se aleja de todo lo que el común de los mortales concebimos como común, ordinario o habitual.

VIDA *ANTI NATURA*

Su vida privada y familiar tampoco escapa al tamiz de los efluvios dionisíacos más libidinosos. En su currículum encontramos tres matrimonios fallidos y nueve hijos. En 2000 se casó con la escritora canadiense Justine Wilson, con quien el magnate tuvo seis hijos, todos por fecundación *in vitro* (uno de ellos murió de muerte súbita al poco de nacer). En 2008 se divorciaron. Dos años después, Musk contrajo matrimonio con la actriz Talulah Riley, con quien compartió una larguísima cogorza plagada de idas y venidas que duró seis años. Se separaron en 2014, pero fue imposible frenar la lujuria y apenas un año después la pareja volvió a pasar por el altar. Finalmente, el amor no fue posible y en 2016 volvieron a divorciarse. Un año después, Musk y la también actriz Amber Heard hicieron pública su relación, aunque solo duraron un año

---

[13] https://www.abc.es/gente/abci-elon-musk-confiesa-tiene-asperger-202105092212

[14] Durante el podcast de Joe Rogan, en septiembre de 2018.

juntos y ella acabó en los brazos de Johnny Depp... Pero la fiesta Dionisia debía continuar, así que Musk empezó en 2018 una nueva relación con la popular cantante canadiense Grimes, con quien tuvo a su sexto hijo, el ya mencionado e impronunciable X Æ A-12, que nació —mediante maternidad subrogada, es decir, vientre de alquiler— en 2020. La borrachera sentimental del sudafricano parecía no tener fin y en 2021 la pareja anunció su separación. A los pocos meses volvían a estar juntos, tanto que en la primavera nació su segunda hija, Exa Dark Sideræl —también mediante un vientre de alquiler—, aunque al poco la pareja anunció que volvía a separarse.

La siguiente aventura amorosa de este fauno lascivo fue con Shivon Zilis, una alta ejecutiva de Neuralink, con quien tuvo mellizos en noviembre de 2021. Tanto la noticia de la relación como la del nacimiento de sus hijos se mantuvo en secreto hasta que, ocho meses después, Musk publicó un embriagado tuit en el que decía que estaba haciendo todo lo que podía para evitar la llegada de una «civilización esterilizada». En concreto, estas fueron sus palabras: «Haciendo mi mayor esfuerzo para ayudar a impedir la crisis de despoblación. Con diferencia, el colapso de la tasa de natalidad es el mayor peligro al que se enfrenta la civilización»[15]. Y añadió: «Espero que tengan familias numerosas y ¡felicidades a los que ya las tienen!», tras lo cual incluyó un gráfico del *The Wall Street Journal* en el que se aprecia un notable descenso

[15] https://twitter.com/elonmusk/status/1545046146548019201?s=20&t=LIgXO-JXnSaRXcka8GwKgA

de la tasa de fertilidad total en Estados Unidos. Como veremos, hay dioses (Bill Gates) que hacen todo lo posible por reducir la población mundial; otros prefieren aumentarla con los «medios» que tienen a su alcance, y si son artificiales, mejor.

En definitiva, la vida personal de esta divinidad subversiva es un continuo vaivén de emociones caóticas y desenfrenadas. No nos extraña, ya que las primeras devotas de Dioniso fueron las mujeres y los ritos de las antiguas Dionisias (Bacanales) consistían en disfrutar de lujosas orgías para honrar al dios «libertador».

Pero los excesos siempre tienen sus consecuencias y Musk libra ahora otra batalla que le está saliendo cara, en este caso contra las personas transgénero. Uno de sus hijos, Xavier Alexander Musk, de dieciocho años, asegura sentirse una mujer y está en trámites para el «cambio de identidad» y de nombre. Ahora se llama Vivien Jenna Wilson, porque ha eliminado el apellido paterno de su documento de identidad. El 27 de octubre, la joven activista @ErinInTheMorn (con 97.000 seguidores) publicó esta inyectiva en su cuenta de Twitter: «¿Recuerdas esa vez que un multimillonario estaba tan enojado con las personas trans que compró una red social? *Lol,* todos saben que Elon Musk está haciendo esto porque *tradujimos* a su hija, tomamos a su esposa y prohibimos sus cuentas transfóbicas favoritas»[16]. La cuenta @libsoftiktok (con 1,5 millones de seguidores) reprodujo este mensaje y replicó: «Un activista transgénero que habla abiertamente.

16 https://twitter.com/ErinInTheMorn/status/1585666212213694464

Cuando te digan lo que realmente están haciendo, créelos. Vienen por sus hijos»[17].

El caso es que en la primavera de 2022 Xavier Alexander (ahora Vivien Jenna), en el tribunal de Los Ángeles donde fue citada para su proceso de conversión, afirmó tajante: «Ya no vivo con mi padre biológico ni deseo estar relacionada con él de ninguna manera». Sin duda, un duro golpe para Musk, que siempre que tiene ocasión asegura que sus hijos son «el amor de su vida».

Lo sean o no, a Musk se le acumulan las denuncias —oficiales o extraoficiales—. También en la primavera de 2022, el medio digital *Business Insider*[18] publicó que SpaceX habría pagado 250.000 dólares para evitar una denuncia por acoso sexual contra Musk. La supuesta víctima es una azafata de los aviones corporativos de la compañía, a quien, al parecer, Musk le mostró su pene erecto, le frotó la pierna sin su consentimiento y le ofreció un caballo a cambio de «algún tipo de favor sexual». Cuando el periódico quiso conocer la versión del magnate, este alegó que «los ataques contra mí deben verse a través de una visión política. Este es su (despreciable) manual estándar, pero nada me disuadirá de luchar por un buen futuro y por el derecho de ustedes a la libertad de expresión»[19]. Aña-

---

[17] https://twitter.com/libsoftiktok/status/1585725769652674561?s=20&t=LE2vP5gMRS8gE_CCTj5x6g

[18] https://www.businessinsider.com/spacex-paid-250000-to-a-flight-attendant-who-accused-elon-musk-of-sexual-misconduct-2022-5. Los hechos habrían tenido lugar en 2016.

[19] https://twitter.com/elonmusk/status/1527491436005957633?s=20&t=Q_1dvPaCO2fvVnKbeIGeEQ 20/05/2022

dió que las acusaciones eran «salvajes» y «totalmente falsas». ¿Qué entenderá Elon Musk por *buen futuro* y por *derecho a la libertad de expresión?* ¿Hacia dónde se dirigen sus garras ahora que medio mundo se ha puesto en su contra? Como veremos a continuación, las maniobras del dios «libertador» no siempre dan los resultados esperados e incluso son capaces de crear el desorden y el caos allí donde menos lo esperábamos.

Twitter y la guerra abierta ¿por la libertad?

A raíz del culebrón creado con la compra de Twitter por parte de Elon Musk hemos comprobado que ni mucho menos estamos ante un hombre como los demás. Tras un sinfín de negociaciones, el pasado mes de abril de 2022 Musk anunció la compra de la plataforma por 44.000 millones de dólares en la que, según se dijo, sería una de las mayores —y más sonadas— adquisiciones empresariales del año[20]. Sin embargo, poco después, el sudafricano dio marcha atrás, lo que llevó a la empresa a demandarle por incumplimiento de contrato. Ante la inminencia del juicio (octubre de 2022), Musk intentó negociar una rebaja del precio de la operación, pero Twitter no aceptó y, finalmente, el magnate se dio por vencido y anunció que cerraba la compra en los términos originales. Por su parte, Twitter, para guardarse las espaldas, optó por no retirar la demanda hasta que la adquisición se hiciese efectiva, lo que

---

[20] https://www.elperiodicodearagon.com/vida-y-estilo/tecnologia/2022/10/26/elon-musk-dias-comprar-twitter-77752964.html

finalmente ocurrió la última semana de octubre de 2022. La mala coyuntura económica y las reticencias de algunos bancos a prestarle dinero parecían estar detrás de las dudas de Elon Musk para hacerse con la plataforma.

Sin embargo, justificó su empeño por adquirirla aludiendo a la necesidad de mejorar el «periodismo global». De hecho, cuando anunció la oferta de compra, Musk declaró en una entrevista que deseaba «privatizar la plaza pública» que es Twitter para «liberar sus algoritmos», porque sufre de un «aprecio patológico por la verdad» y necesita «garantizar la libertad de expresión»[21]. Ahí vemos al Dioniso «libertador» en plena excitación, alardeando de ser distinto y mejor que los demás dioses —opresores y castigadores—, alzándose como el garante de nuestras libertades esenciales, un visionario que no solo mira por sus negocios, sino por nuestro bienestar y por la democracia en general. Pero, si esto es así, ¿por qué aún siguen *baneadas* millones de cuentas? ¿Por qué no ha solucionado el problema de las restricciones y las censuras que siguen afectando a millones de usuarios? ¿Y por qué lanzó una campaña de desprestigio contra la red social haciendo bajar su valor? ¿Por qué propuso pagar 44.000 millones de dólares —dos veces el PIB de Islandia— para calificar después el acuerdo de «disparatado» y exigir una rebaja?

El caso es que, cuando al fin se efectuó la compra de Twitter, la red social era peor inversión que seis meses atrás: seguía sufriendo las mismas patologías que plataformas como

---

[21] https://elpais.com/opinion/2022-10-26/musk-probablemente-comprara-twitter-este-viernes.html

Meta o YouTube *(spam,* cuentas falsas, censura, desinformación, etc.) y su reputación estaba por los suelos. De lo que no tengo dudas es de que el mismísimo Gobierno de Estados Unidos ha sido, desde el principio, uno de los grandes interesados en evitar la adquisición de Twitter por parte del sudafricano. De hecho, como señaló el medio estadounidense Bloomberg, «algunos miembros de la Administración Biden están considerando someter algunos de los negocios de Musk a un proceso de análisis de seguridad nacional, incluyendo el acuerdo con Twitter Inc. y la red de satélites SpaceX»[22]. Dicho con otras palabras, el Gobierno estadounidense no se fía de los inversores no estadounidenses que Musk ha buscado en China, Arabia Saudita o Qatar, ni de su reciente simpatía hacia Vladímir Putin en la guerra con Ucrania[23].

Aun así, el mayor temor de la Administración Biden era perder el control de Twitter. Si caía en manos del agitador Musk, todas las operaciones de guerra psicológica, la censura, las mentiras y las manipulaciones encubiertas en las que los miembros del Gobierno, de la prensa y de los servicios secretos están implicados podrían salir de los lugares oscuros donde debían permanecer… ¿O quizá el divino libertador las expondría en la plaza pública a la vista de todos? El caso es que la compra de la red social se convirtió un asunto de Estado y había que actuar con determinación.

Para un tipo tan alborotador, arrogante y vanidoso como Musk, retar al poder establecido, protagonizar su propia revo-

---

22 Ibíd.

23 Ibíd.

lución y elevarse triunfante sobre los demás dioses y pavonearse ante los mortales lo es todo…, o *casi todo.* Ahora ha cambiado su discurso sobre Twitter y dice que adquirir la red social es un primer paso, un «acelerador para crear X, la aplicación para todo», es decir, una plataforma inspirada en el WeChat chino, que centraliza la vida de los ciudadanos del gigante asiático —mensajería, redes sociales, compras y pagos *on-line,* tarjetas sanitarias e incluso la interacción con los servicios públicos— y que se ha convertido en la clave del sistema de crédito social chino, una especie de *ranking* que califica a los ciudadanos como «confiables» o «no confiables» para ganar y perder el acceso a servicios y oportunidades —incluso la posibilidad de encontrar un empleo o hacer un viaje— dependiendo de sus comunicaciones, de con quién y cómo se relacionan en Internet, en el trabajo o en la calle, y de cuáles son sus compras y actividades[24]. O sea, primero dice que viene a liberarnos y luego nos conduce a un sistema de vigilancia total.

¿Se va a convertir Dioniso, al que tanto le gusta la política, en el nuevo Gran Hermano? ¿Es esto salvaguardar la libertad de expresión y defender la democracia? Musk asegura que quiere rescatarnos de las garras de los malvados. Pero ¿a qué nos conducirá el dios de los excesos, el rugiente y juerguista Dioniso? Porque, además de la libertad, una cuestión clave en Occidente sigue siendo la privacidad y la intimidad, factores a los que aún damos una importancia esencial, por lo que el divino Musk tendrá que aplicar todas sus armas de

---

[24] Ibíd. Véase *La Tercera Guerra Mundial ya está aquí,* Ediciones Martínez Roca, Barcelona, 2021.

seducción para convencernos de que renunciemos a ellas. Y es eso lo que está haciendo: como dijimos al comienzo del capítulo, Dioniso ha regresado para cambiar nuestra vida hasta extremos que aún no somos capaces de imaginar.

Con la compra de Twitter, Elon Musk aspira a tener el control absoluto de uno de los espacios más importantes de la comunicación social y política contemporánea, justo cuando se aproximan las elecciones presidenciales en Estados Unidos, en las que, dicho sea de paso, al presidente Biden las encuestas no parecen apoyar. «La libertad de expresión es la base de una democracia que funciona. Twitter es la plaza digital donde se debaten asuntos vitales para el futuro de la humanidad», dijo rotundo Musk cuando se anunció el acuerdo inicial para comprar la red social[25]. La primera decisión que tomó el sudafricano el 31 de octubre de 2022 —unos días después de adquirir Twitter— fue disolver la junta directiva de la empresa para afianzar su control como director único. El diario *The Washington Post* incluso hablaba de que el magnate realizaría una primera ronda de recortes de puestos de trabajo que podría afectar al 25 % de la plantilla de Twitter[26].

Lo que estamos presenciando es una guerra abierta por el control de la comunicación —vía Twitter— entre el poder de las élites globócratas y el magnate sudafricano, que está dispuesto a lo que sea para poner entre la espada y la pared a quienes desde hace décadas marcan la dirección del mundo. Desde que Musk se hizo con el control de la plataforma y

---

[25] https://www.neo2.com/cambios-elon-musk-nuevo-twitter/

[26] https://www.bbc.com/mundo/noticias-63463715

amenazó con cambiar radicalmente su funcionamiento, los dioses olímpicos han intensificado la batalla contra él: destrozan su imagen pública acusándole de actitudes transfóbicas y despóticas; quieren arruinarlo tachando de errática su gestión para desplomar el valor de la compañía en Bolsa; aseguran que sus despidos son injustificados (en enero de 2023 ya se había deshecho del 80 % de la plantilla), y sus opiniones sobre Ucrania y Rusia, políticamente incorrectas. Y, además, está bajo investigación policial por posible maltrato animal en Neuralink. ¿Acaso ya no les interesa su microchip? Permítanme que me ría.

Pero Musk ha venido a desbaratar el orden del mundo y, como buen estratega que es, ha hecho suya la máxima que dice que *la mejor defensa es un buen ataque.* Dioniso, también conocido como «dios-bestia», está ebrio de poder y no hay quien lo pare… Por ello, en lugar de acobardarse, responde con un ataque aún más furibundo publicando los trapos sucios del *establishment* estadounidense. Además, ha devuelto las cuentas censuradas (como la de Donald Trump) y asegura que va a apoyar a la «verdadera investigación científica» mediante «un «cuestionamiento razonado de la ciencia»[27].

Elon Musk está decidido a dar jaque al actual poder plutócrata —al que, paradójicamente, él también pertenece— difundiendo los llamados «Archivos de Twitter», en los que aparecen datos comprometidos que afectan directamente al actual presidente de Estados Unidos, Joe Biden. Estamos

---

[27] https://twitter.com/elonmusk/status/1608175680407191552?s=20&t=T2tTxybwfr67Hdf7kdpC6Q

hablando del famoso caso del portátil de Hunter Biden, en el que se encontraron decenas de correos electrónicos que apuntaban que el propietario del ordenador había usado su apellido para hacer negocios en Ucrania cuando su padre era vicepresidente de Barack Obama.

Tres semanas antes de las elecciones estadounidenses de noviembre de 2020, solo un periódico —entonces afín a Donald Trump—, el *New York Post* —propiedad de Rupert Murdoch—, publicó la información, mientras los directivos de las principales redes sociales y diarios evitaron que el asunto se viralizara, asegurando que todo era falso. Los negocios oscuros, las fotos y vídeos de Hunter desnudo consumiendo *crack* con prostitutas eran, según los decanos de la prensa, propaganda rusa para conseguir la victoria de Trump. Para mí, se trata de uno de los mayores escándalos políticos y periodísticos del siglo. Una prueba más del alto grado de corrupción del sistema americano que arrastra a toda Europa. Twitter incluso suspendió la cuenta del *New York Post* para evitar que difundiera las investigaciones sobre el turbio tinglado en la red social. Pasaron los meses y parecía que la cosa se había calmado... hasta que llegó Elon Musk y el asunto se destapó. ¿Con qué objetivo? Salvarnos de las garras de los malvados y revelar la connivencia de los antiguos ejecutivos de la red social con el *establishment* político.

Pero lo del portátil de Hunter Biden fue solo un aperitivo. Las siguientes tandas de publicaciones dirigidas por Musk han expuesto que el FBI pagó a Twitter casi 3,5 millones de dólares para que sus empleados cumplieran sus peticiones, así como que antiguos agentes tenían su propio canal privado[28]. Además, después de que Musk tuiteara que el virus de la Covid-19 es un arma biológica[29], la plataforma no deja de publicar nuevos archivos y noticias sobre la falsa *pandemia,* como que los gestores imposibilitaron el debate científico legítimo al censurar las informaciones de médicos, periodistas y otros *disidentes* que trataron de exponer la verdad —entre los que me incluyo— porque atentaban contra los intereses de las farmacéuticas y los dogmas del *establishment*[30]. Es decir, lo que ya sabíamos, pero con documentos y *e-mails* que lo avalan.

También sabíamos la verdad respecto a otra trama destapada: que muchas de las cuentas de los «expertos» que aconsejaban las *vacunas* y los protocolos eran falsas, y que estaban pagados por la industria farmacéutica, que también presionó a Twitter para silenciar a todos los que explicaban que, después de la infección por Covid, la inmunidad natural era superior a la protección que ofrecía cualquier tipo de *vacuna.* Con cada entrega, Musk tuitea insistiendo en la misma idea:

---

[28] «How Twitter Let the Intelligence Community», en https://twitter.com/mtaibbi/status/1610372352872783872

[29] Tuit del 28 de diciembre de 2022: «Ganancia de función», que en este contexto es una forma de decir «arma biológica». Algunas buenas pepitas en el artículo. ¡Es importante tener en cuenta que Fauci fue autor de un artículo de 2012 que argumenta a favor de la investigación de ganancia de función! Obama sabiamente puso esto en pausa, pero Fauci lo reinició. https://twitter.com/elonmusk/status/1607992817896525826?s=20&t=T2tTxybwfr67Hdf7kdpC6Q. El artículo al que se refería es este: https://news.yahoo.com/fauci-argued-benefits-gain-function-185934217.html

[30] https://noticiasholisticas.com.ar/twitterfiles-revelan-como-la-red-social-manipulo-el-debate-sobre-el-covid/

todo lo que pensábamos que era conspiración se ha convertido en realidad.

Como era de esperar, las críticas siguen llegando en aluvión a la mesa del magnate sudafricano. Dioniso se ha atrevido a señalar con el dedo al poder establecido, a la familia del presidente y al Partido Demócrata, y ni mucho menos semejante acto puede pasarse por alto. Ha llegado la hora de hacer pagar a Elon Musk su atrevimiento. Esto es precisamente lo que estamos presenciando en la guerra que el poder globalista le ha declarado. «Si me suicido, no he sido yo», tuiteó el 26 de noviembre de 2022 tras publicar la foto de su mesilla de noche[31], donde se ven unas latas vacías de Coca-Cola junto a un revólver. ¿Acaso Dioniso teme por su vida?

---

[31] https://twitter.com/elonmusk/status/1597165510595989504?s=20&t=mqm4K2HqayHoTwdyXxacuQ

El «tecno-rey»

Excéntrico, visionario, descontrolado, impetuoso, egocéntrico, arrogante megalomaníaco... Estos son algunos de los adjetivos que con más frecuencia se dedican a Elon Musk, que piensa que la humanidad está en peligro y solo la tecnología —y él— puede salvarla. Quizá por eso se denomina a sí mismo el «tecno-rey». Tal y como asegura Tim Higgins, autor de *Power Play: Tesla, Elon Musk, and the Bet of the Century* (2021), «Elon es el mayor de los *preppers»,* en alusión a los llamados «preparacionistas», que se alistan activamente para la llegada de una gran catástrofe que acabará con la vida en la Tierra. Es decir, el magnate sudafricano ha venido al mundo a prepararnos —y salvarnos— ante el futuro que nos espera.

Pero ¿a costa de qué? ¿En la moral del magnate sudafricano hay algún tipo de línea roja que en ningún caso se puede traspasar? ¿Cuáles son sus límites, si es que los tiene? Asegura que él se encargará de llevar al hombre a Marte en 2026, junto con una especie de «arca de Noé futurista»[32], aunque la verdad es que sus predicciones no siempre aciertan y, de hecho, las críticas se le acumulan. Los empleados de sus empresas declaran que es tan arrogante que resulta imposible trabajar con él y algunos científicos sostienen que detrás de muchos de sus proyectos solo hay *marketing* y resultados bastante cuestionables. ¿Verdad o ataque?

---

[32] https://www.cronista.com/infotechnology/actualidad/elon-musk-afirma-que-hay-un-100-de-posibilidades-de-extincion-a-menos-que-los-humanos-se-instalen-en-otros-planetas/

El hecho es que sus Tesla no tripulados se estrellan, muchos de los ensayos con sus naves espaciales son un fracaso y otros dudan de las posibilidades reales de Neuralink hasta el extremo de que avisan de sus posibles usos perniciosos. Lo que me parece del todo improbable es que podamos colonizar Marte en un futuro próximo ni crear en el planeta rojo un parque de dinosaurios generados por ingeniería genética[33]. ¿Cuántos millones de años le llevó a la Tierra convertirse en un paraíso? Pues Musk quiere convencernos de que él puede cambiar su atmósfera en una sola generación. Vale que nos guste la ciencia ficción, pero que no nos tome por idiotas.

Nadie dudaba de que el magnate también sacaría rendimientos de la actual guerra entre Rusia y Ucrania. Desde el inicio de la invasión, Musk ha apoyado a Ucrania mediante el habilitamiento de la red satelital Starlink, un sistema de SpaceX que ha sido de gran utilidad en el conflicto, ayudando a los drones militares —que deben conectarse a través de Starlink— a destruir tanques del Ejército ruso, según informaciones del diario británico *The Times* de marzo de 2022[34]. Sin embargo, las declaraciones públicas de Musk no dejan de confundir a la ciudadanía, que ya no sabe de qué lado está el sudafricano. Así, en su cuenta de Twitter, el magnate ha argumentado que es «muy poco probable» que Ucrania gane en

---

[33] https://www.cuatro.com/cuarto-milenio/ciencia/elon-musk-magnate-irresponsable-avances-cientificos-polemicos_18_3135570095.html

[34] https://www.lavanguardia.com/tecnologia/20220323/8146058/asi-ayuda-elon-musk-ucrania-ganar-guerra-drones-pmv.html

una guerra total contra Rusia, por lo que, «si a alguien le importan los ucranianos», buscar la paz es imprescindible.

En su opinión, si no se llega a una solución urgente, el resultado del conflicto será una «guerra nuclear»[35]. Llama la atención la frialdad y la distancia con las que Musk nos avisa de lo que podría llegar si no seguimos sus consignas. «Si Rusia se enfrenta a la elección de perder Crimea o usar armas nucleares en el campo de batalla, elegirá lo último», pronosticó. «Nos guste o no, Crimea es considerada como una parte central de Rusia por parte de Rusia. Tiene una importancia crítica para la seguridad nacional rusa, ya que es su base naval del sur». Desde su punto de vista, perder Crimea es como si Estados Unidos perdiera Hawái y Pearl Harbor. Y, siguiendo el hilo de Twitter, alerta sobre la posibilidad de que también la OTAN use armas nucleares, lo que irremediablemente daría lugar al final de la civilización: «Si bombardeamos Rusia, nos bombardearán a nosotros y tendremos la Tercera Guerra Mundial». Pero Musk, siempre tan sarcástico, bromea: «¡Pero mira el lado positivo! Al menos Rusia, en ese escenario, no tendrá Crimea»[36]...

Así se expresa este «gran pacificador» de nuestra era, un dios que se considera llamado a crear o, al menos, a propiciar, un nuevo orden mundial basado en la tecnología, en el negocio de la guerra y en la carencia absoluta de principios morales. Hace

---

[35] https://www.elconfidencial.com/mundo/2022-10-04/elon-musk-guerra-ucrania-rusia-acuerdo-paz-twitter_3500878/

[36] https://www.elpais.com.uy/mundo/elon-musk-lanzo-catastrofica-advertencia-armas-nucleares-ucrania.html

unos meses *The New York Times* lo definió como un «agente del caos geopolítico», a lo que el magnate respondió atacando de la misma manera: «*The New York Times* ha emergido como un nuevo y caótico actor en la política global» y agregó que sus afirmaciones se basaban en «fuentes anónimas familiarizadas con el asunto que desean permanecer en el anonimato»… Y, por último, varios emojis de carcajadas[37]. Como vemos, el sentido del humor dionisíaco, como su ambición, no conoce límites.

Así, por ejemplo, en febrero de 2022 se supo que la Fundación Musk había asignado 5.700 millones dólares de sus acciones de Tesla a obras filantrópicas. Pero no se sabe nada de sus destinatarios, pues el único detalle que el magnate reveló es que fueron «a la caridad». ¡Ay, este Dioniso, siempre tan juguetón…![38]. En este sentido no se parece en nada a sus colegas del Olimpo, cuyas obras filantrópicas, como veremos, no solo ocupan gran parte de sus «preocupaciones» diarias, sino los titulares de los periódicos globales. Les encanta presumir.

Lo que está claro es que a Musk no le importan ni el planeta, ni sus habitantes ni lo que nos define como seres humanos. Dice que hay «un cien por cien de posibilidades de que todas las especies se extingan por la expansión del Sol». De modo que barre para casa: «Al menos que la humanidad haga que la vida sea multiplanetaria». Es decir, vayámonos todos a Marte, que ya se encargará él de expendernos los billetes y

---

[37] https://actualidad-rt.com/actualidad/446084-new-york-times-musk-agente-caos-geopolitico

[38] https://fortune.com/2022/03/22/elon-musk-charity-donations-6-billion-tax-breaks/

buscarnos alojamiento. Y es que, aun si dejáramos de estropear el planeta, nuestra especie tiene los días contados[39], a no ser que sigamos los consejos de este mesías (a lo largo del libro veremos que no está solo), tengamos muchos hijos con los medios —tecnológicos— que hagan falta y abandonemos el planeta que nos ha dado la vida.

El derrumbe

Los dueños del mundo parecen olvidar que en las guerras todos pierden, ya sea territorio, recursos, credibilidad, dinero o la propia vida. Aunque un bando siempre resulta vencedor, el desastre ocasionado en el camino nos impide hablar —al menos a las personas amantes del bien— de verdadera victoria y de triunfo de la humanidad. El nuevo Dioniso de nuestros tiempos ha apretado el botón rojo y ha disparado contra la línea de flotación del mayor buque de todos los tiempos: el poder globócrata. Ahora está pagando las consecuencias, que amenazan con sacarle del Olimpo de los Inmortales precisamente por haberlo puesto en duda.

Tras haber alcanzado un máximo de 338.000 millones de dólares en 2021 y haber encabezado la lista de los más ricos durante la mayor parte de 2022, el patrimonio de Elon Musk se desplomó en más de 200.000 millones de dólares (el equivalente al PIB de Grecia), según el índice de multimillonarios de la agencia Bloomberg, en gran parte debido al colapso de

[39] https://www.esquire.com/es/actualidad/a38811665/elon-musk-extincion-humana-espacio/

las acciones de Tesla durante el pasado mes de diciembre. El fabricante de automóviles eléctricos perdió cerca del 70 % de su valor en 2022 —ha dejado de aparecer entre las diez empresas más valiosas del mundo— debido a retrasos en la producción en China, retiradas de vehículos por mal funcionamiento y preocupaciones entre los inversionistas de que su director ejecutivo esté demasiado distraído con su nuevo papel como CEO de Twitter.

Aunque el revés lo ha mandado a la segunda posición en el *ranking* de los más ricos de *Forbes* (el primer lugar lo ocupa ahora Bernard Arnault) y la compañía atraviesa el año más negro de su historia, Musk sigue a la cabeza de los dueños del planeta en cuanto a poder, influencia y ambición se refiere. A fin de cuentas, sus inventos están cambiando nuestra vida para siempre… Pero Musk pretende hacernos creer que el dinero no le importa y, tal y como asegura, solo sirve para hacer del mundo un lugar mejor o, si esto no es posible, para marcharnos a vivir a otra parte:

> Se deberían preguntar por qué querría dinero —escribió hace unos meses—. Cerca de la mitad de mi dinero se destina a solucionar problemas en la Tierra. La otra mitad a ayudar a establecer una ciudad autosuficiente en Marte para asegurar la continuación de la vida (o de todas las especies) en caso de que caiga un meteorito en la Tierra, como con los dinosaurios, o que ocurra la Tercera Guerra Mundial y nos destruyamos a nosotros mismos[40].

---

[40] https://www.independentespanol.com/tecnologia/elon-musk-tesla-net-worth-2022-b2256079.html

Menos mal que sigue siendo multimillonario porque si no, ¿qué sería de nosotros? Leer para creer.

Este nuevo Dioniso reencarnado está extasiado por su osadía y ahora pretende arrastrarnos a su culto con promesas de un mundo mejor, emborrachándonos de datos y revelaciones secretas, liberándonos de las reglas y restricciones de la civilización. Pero estar poseído de un delirio profético no es bueno. Es fabuloso no ser normal, pero también es peligroso, porque entre la genialidad y la locura hay una línea muy fina. El Musk «revolucionario» y transgresor se presenta como el libertador y el guía justo cuando se ha roto el antiguo orden mundial y el mundo está necesitado de líderes. Pero no abuses, dios antiguo, no engañes, no induzcas en un trance hipnótico a quienes tus colegas globalistas marginaron. Te diriges a los malditos, a los excluidos, a los condenados al ostracismo y los invitas a regresar al ágora de Twitter al reclamo arrebatado de tu ambrosía, eliminando las prohibiciones y los castigos. Quizá seas nuestro villano favorito, pero la embriaguez no me lleva a olvidar tu Neuralink ni tu súper aplicación X, desde donde pretendes controlarnos. El éxtasis de tus licores no me impide recordar que uno de tus nombres es Dimorfo, que hace referencia a tu doble personalidad: puedes mostrarte bello o terrible, según las circunstancias. No me fío de ti y permaneceré alerta.

El caso es que se avecinan tiempos difíciles para el jovial Dioniso del siglo XXI. Tendrá que pagar con creces su arrogancia y temeridad, pues, como ya sabemos, si cuestionas al poder no hay perdón, pues muy divino que seas. Pero él pretende mantenerse en lo más alto y seguir manejando los hilos.

Si te pasas de la raya, caerás. Esa es la consigna y Musk —ebrio de poder— la ha olvidado. Acusaciones de publicidad engañosa en sus coches autónomos, denuncias por impagos de alquiler de las sedes de Twitter en California (al parecer, debe 130.000 millones de dólares)[41], quejas constantes de los trabajadores de sus empresas, un hijo que ya no quiere llevar su apellido ni el sexo con el que nació… Y acaba de entrar en el libro *Guinnes* por la mayor pérdida de fortuna personal de la Historia. El caos se ha instalado alrededor del dios «libertador», defensor del exceso, del delirio y de la fiesta. Suponemos que en estos momentos estará comprobando que la resaca siempre es mucho peor que la borrachera.

En la Antigüedad, los gobernantes griegos consideraban el culto a Dioniso una amenaza para la sociedad civilizada, por lo que intentaron controlarlo y suprimirlo. Ahora, como entonces, sigue siendo igual de peligroso y les provoca el mismo pavor porque no pueden dominarlo. En realidad, ni él mismo puede. Como el joven libertino de Silicon Valley que es, se ha propuesto arrasar con el viejo reinado globócrata e imprimir su sello, su particular manera de hacer las cosas. Y aunque no tenga miedo de lo que los demás piensen de él, si sus colegas olímpicos logran derribar su imagen pública, el valor de su imperio económico se desmoronará. Eso sí, mientras dure la fiesta dionisiaca, divirtámonos también nosotros contemplando el espectáculo de esta guerra atroz entre los dioses.

---

[41] https://www.elmundo.es/economia/empresas/2023/01/04/63b5bc4dfdddff3f1a8b458d.html

2
Jeff Bezos
Morir es de pobres

¿Quién es el loco, quién es el listo, el mendigo o el rey?
Ambos, pobre o rico, se igualan en la muerte.

Lema de la Orden Skull and Bones

La turbulenta vida y el destino del dios Kronos los conocemos por la *Teogonía* de Hesíodo, que nos cuenta que, siendo el principal (y el más joven) de la primera generación de titanes, descendientes divinos de Gea (la Tierra) y Urano (el Cielo), se enfrentó a su padre y gobernó durante la mitológica «Edad Dorada», ese periodo en el que el hombre habría vivido en un estado ideal, cuando la humanidad era pura e inmortal. Pero a Kronos le esperaba un duro castigo por su arrogancia: fue derrocado por su propio hijo, Zeus, y encerrado en el Tártaro; según Platón, el lugar donde las almas eran juzgadas después de la muerte y donde los malvados eran condenados a sufrir... *eternamente.*

Estamos en la tercera década del siglo XXI y parecería que la historia se repite. Basta con echar un vistazo a la vida y anhelos del segundo hombre más rico del mundo, Jeffrey Preston Bezos, para quien acabar muriendo como un cualquiera se ha convertido en el mayor de los tormentos.

Tras coronarse en el Olimpo de los Intocables, ahora su ambición de gloria consiste en pasar a la Historia como un nuevo Kronos reencarnado, como aquel dios soberbio que derrotó al tiempo en un fiero combate contra la muerte. De joven, la aspiración de Jeff era hacerse rico, tener éxito, vivir con su esposa en una mansión en Hawái, en Beverly Hills, en Nueva York, en Washington D. C., en Seattle, en Texas (tiene numerosas propiedades inmobiliarias por valor de 500 millones de dólares), viajar a lugares remotos y divertirse estirando las horas del reloj como si nunca fuera a envejecer. Pero, una vez que lo ha conseguido todo, ¿cuál es el siguiente paso? Bezos lo tiene claro: no morir nunca. Su gran obsesión es cambiar su destino... y el de todos aquellos que puedan costearlo, porque para el nuevo Kronos del siglo XXI morir es de pobres y su deseo es mantenerse eternamente joven para seguir disfrutando de su fortuna, de su nueva novia, de sus mansiones —una para cada clima— y de los viajes asombrosos que ya realiza más allá de las fronteras terrestres.

Nombre completo: Jeffrey Preston Bezos
Nacimiento: 12 de enero de 1964, Alburquerque, Nuevo México, Estados Unidos
Nacionalidad: estadounidense
Estudios: Miami Palmetto High School, Escuela Primaria River Oaks, Universidad de Princeton (Ciencias de la Computación e Ingeniería Eléctrica)
Ocupación: empresario, CEO de Amazon
Empresas relacionadas: Amazon, Blue Origin, Alto Labs, *The Washington Post*
Patrimonio estimado: 171.000 millones de dólares (según *Forbes,* noviembre de 2022)

En otra (oscura) dimensión

Jeff Bezos, fundador de Amazon, de Blue Origin y, desde 2013, propietario de *The Washington Post,* nació en la ciudad de Alburquerque (Nuevo México) en 1964, de madre estadounidense y padre (biológico) danés, del que poco se sabe más allá de que tuvo una juventud algo inestable y descarriada. Su madre, Jacklyn Gise, tenía diecisiete años cuando dio a luz a Jeff, por lo que podemos imaginar que, al principio, como a cualquier madre soltera de los sesenta, las cosas no le resultaron demasiado fáciles. Tres años después, en 1967, Jacklyn conoció al inmigrante cubano Miguel Ángel Bezos (ingeniero en la petrolera Exxon), se casó con él, este adoptó al pequeño y le dio su apellido.

La familia se trasladó a Houston (Texas) y, posteriormente, a Miami, donde el futuro rey del comercio *on-line* comenzó a destacar como «niño prodigio», apasionado de los aparatos eléctricos y los viajes espaciales. Cuentan que siendo muy pequeño construía maquetas de cohetes y los lanzaba a volar en el jardín de su casa. Inspiración no le faltaba porque, en aquellos años (finales de los sesenta y principios de los setenta), tanto las series de televisión como los grandes intelectuales hablaban abiertamente de los extraterrestres y del futuro de la humanidad en el espacio exterior. Guardo recortes de periódicos de entonces y es asombroso lo estúpidamente mojigatos que nos hemos vuelto. Ya no se habla del tema con libertad y enseguida te estigmatizan (hablaré de esto un poco más adelante). Sin embargo, aquella generación era más osada e inteligente. ¿Quién puede creer que el planeta Tierra es el único en el que hay vida inteligente? Sí, ya sé que mis lectores estarán pensando que la inteligencia terrestre va camino de la extinción, de convertirse en un mito... No obstante, algunos intentamos resistir en medio de la distopía cotidiana y conservar intacto nuestro intelecto leyendo obras estimulantes. Esa era la pasión de Bezos, la lectura. Y, por supuesto, la serie *Star Trek.* En julio de 2016 tuvo un pequeño papel como oficial alienígena de la Flota Estelar en la película.

A Jeff Bezos sus pasiones no le han abandonado nunca, pues desde el año 2000 lidera el proyecto Blue Origin de desarrollo de cohetes para comercializar viajes espaciales a un «precio asequible»: 46,7 millones de euros. No deja de causar asombro que, en julio de 2021, cuando la mayoría de los ciudadanos del mundo estaba atemorizada por la Covid-19

—entonces en su variante Delta, una de las «más preocupantes» por su alto grado de transmisión, según nos contaba el «Gran Hermano» encarnado en la OMS—, Jeffrey y su hermano pasaran de la histeria colectiva terrestre y se largaran a darse una vuelta por el Cosmos. Es cierto que no fueron demasiado lejos, pero hicieron realidad su sueño al completar con éxito el primer vuelo suborbital sin piloto y con tripulación enteramente civil (les acompañaron otros dos «turistas»). Como solo tardaron once minutos en llegar a la línea Kárman, conocida como el límite entre la atmósfera y el espacio, la excursión debió de saberle a poco y ahora planea ir a la Luna. Asegura que va a construir allí una base permanente donde instalar un servicio de mensajería parecido a Amazon. ¡Qué fantástico suena! Mandar una tostadora desde la Luna... Pero ¿a quién?, ¿a dónde?

Lo que nos dice su proeza divina es que en la misma fecha en la que unos vivían presos del terror, se tapaban el rostro con máscaras y se vacunaban como locos para huir de la muerte, Bezos-Kronos se encontraba, literalmente, en otra dimensión, y no solo me refiero al espacio exterior, sino a su mente, donde la concepción del tiempo es completamente distinta. Pero no nos adelantemos. Aún nos quedan por conocer interesantes datos de su biografía.

En 1987, tras graduarse en Ingeniería Eléctrica y Ciencias de la Computación por la Universidad de Princeton, Bezos tomó contacto con los tiburones financieros de Wall Street y la banca mundial. Sin embargo, la irrupción de Internet a principios de la década de los años noventa y la aparición de las primeras empresas *on-line* cambiaron su vida para siempre. Bezos no estaba dispuesto a perder el tren de la innovación que presuponía Internet, por lo que, agarrándose al teorema conocido como *regret minimization framework,* esto es, «minimizar el arrepentimiento» —entre los multimillonarios, eso de arrepentirse no está bien visto—, decidió lanzarse a la piscina del emprendimiento y abandonar el mundo de las finanzas. Fue entonces cuando cayó en sus manos un informe que auguraba un crecimiento del comercio *on-line* del 2.300 %, sobre todo de determinados productos, como discos de música, *hardware* para ordenadores, *software,* vídeos y libros.

¿Fue quizá su pasión por la lectura la que le llevó a decantarse por los libros? No lo sabemos, pero el caso es que en 1994 fundó la empresa Cadabra, un *eCommerce* literario, que un año más tarde cambió su nombre por Amazon. Ya en sus dos primeros meses de vida la compañía distribuía en los cincuenta estados de Estados Unidos y en cuarenta y cinco países de todo el mundo. A los dos meses las ventas superaban los 20.000 dólares por semana. En 1997 salió a Bolsa, y en 1999 Jeff Bezos apareció en la portada de la revista *Time* tras ser nombrado «Persona del Año».

En 2015, el magnate se coló en el *ranking* de los cinco hombres más ricos del mundo, según la lista *Forbes,* y fue el primero en superar los 100.000 millones de dólares (en 2019). Actualmente ocupa el segundo lugar (su fortuna supera los 206.000 millones de dólares), solo por detrás de Elon Musk, esa otra divinidad que aspira a conquistar el espacio y a transformar el mundo tal y como lo conocemos, y con la que Bezos rivaliza en ambición de gloria. Así que, para vencerlo, ha de superar grandes y nuevos desafíos. Dominar el comercio mundial *on-line* y desarrollar su particular y «asequible» proyecto espacial en Blue Origin para derrocar a SpaceX es poca cosa para el nuevo Kronos, que sabe que el verdadero poder se encuentra en el dominio de las mentes —las opiniones— y de los sentimientos de los estúpidos mortales. ¿Para qué luchar por convertirte en un dios inmortal si, al final, tus ojos no ven cómo todos los demás doblan la rodilla ante ti? ¿Y por qué si no comprar en 2013 el emblemático diario estadounidense *The Washington Post* por 250 millones de dólares[1] —algo más de lo que ganaba en dos días— cuando el propio Bezos había asegurado poco antes que los «periódicos en papel estarán muertos dentro de veinte años» y que solo serán un objeto de lujo que la gente leerá en los hoteles? ¿Acaso le interesa a Bezos el periodismo y la búsqueda de información veraz? Según explicó Marty Baron, editor del *The Washington Post* hasta 2021, Bezos está «convencido de que la labor del periodismo es fundamental para la democracia». Es decir, el magnate nos hace a todos el «gran favor» de rescatar un periódico en horas bajas y mantenerlo con vida gracias a las suscripciones de los lectores, que ahora lo leen en la web.

Resulta llamativo el hecho de que, dos años antes de la adquisición del diario, Bezos acudiera la reunión que el Club Bilderberg celebró en uno de los hoteles participados por la familia Rockefeller, el Grand Hotel Kempinsky de Sant Moritz (Suiza). El contrato de compra del *The Washington Post* incluía otros medios de comunicación propiedad de la familia

---

[1] https://www.washingtonpost.com/national/washington-post-to-be-sold-to-jeff-bezos/2013/08/05/ca537c9e-fe0c-11e2-9711-3708310f6f4d_story.html?utm_term=.b6ef187f93d9

Graham, como los periódicos *Gazette, Greater Washington Publishing* y *El Tiempo Latino.* Las conexiones de esta familia —una de las más poderosas de Estados Unidos— con la CIA se remontan a la creación de la agencia en 1947, mientras que su presencia en las reuniones anuales del Club Bilderberg comenzó en los años ochenta, si tomamos como fuente las listas oficiales de asistentes a los cónclaves del grupo que ha manejado los hilos de la política y la economía mundiales durante casi todo el siglo XX y lo que llevamos del XXI[2].

Un dato paradójico es que el padrastro de Bezos trabajó para Exxon, una de las empresas del hombre que años después acabaría invitando a su hijastro al Club Bilderberg: David Rockefeller.

LUCHANDO CONTRA EL TIEMPO

> El miedo a la muerte se debe al miedo a la vida.
> Un hombre que vive plenamente está preparado
> para morir en cualquier momento.
>
> MARK TWAIN

Estamos en los inicios del siglo XXI y nos encontramos con un Kronos reencarnado luchando encarecidamente contra el destino y materializando la idea con la que comenzamos el

[2] Remito al lector a mis libros *Los amos del mundo están al acecho* (Ediciones Martínez Roca, Barcelona, 2017) y *Los planes del Club Bilderberg para España* (Ediciones Martínez Roca, Barcelona, 2015).

capítulo: a Bezos, que ahora tiene cincuenta y ocho años, lo que le preocupa de verdad es la muerte. En este sentido podemos mencionar uno de sus proyectos más singulares, la financiación de la construcción (desde 1989) de Clock, un reloj que se mantendrá activo —en Sierra Diablo, al oeste de Texas— durante 10.000 años con la intención de hacernos pensar en la humanidad a largo plazo[3].

Está claro que Bezos no quiere morir y, puesto que un gigantesco reloj no cesará de recordarle el inexorable paso del tiempo, está dispuesto a usar su fortuna para encontrar el elixir de la eterna juventud. Por ahora su enfrentamiento contra el antiquísimo Anubis (dios egipcio de la Muerte) le ha llevado a invertir 3.000 millones de dólares en la *start-up* Alto Labs, empresa dedicada a explorar cómo detener el envejecimiento de los seres humanos. Fundada en 2021 (presentada al mundo en enero de 2022) y con sede en la ciudad de Los Altos (California), la compañía se originó a partir de una idea del biólogo celular y empresario Richard D. Klausner, quien cofundó la empresa con Hans Bishop, CEO de la farmacéutica GRIAL, nombre que le viene que ni pintado…

Lo que conocemos hasta el momento es que, como si de un equipo de fútbol se tratara, la empresa —gracias a la financiación de Bezos— está ofreciendo sumas millonarias a científicos especializados en biotecnología para formar una especie de *dream team* dedicado a la regeneración celular y, de paso, construir el gran negocio del siglo XXI: si pagas, vivirás

[3] https://www.10000yearclock.net/index.html y https://www.bbc.com/mundo/noticias-43148711

eternamente. Lo llamativo del caso es que desde la compañía aseguran que su trabajo es la «gran ciencia», expresión que, obviamente, es sinónimo de «gran negocio». Entre los «fichados» figuran los españoles Juan Carlos Izpisúa y Manuel Serrano, el japonés Shinya Yamanaka, ganador del Premio Nobel de Medicina en 2012, o el alemán Wolf Reik, especializado en epigenética. Según la revista *MIT Technology Review,* todos están cobrando unos honorarios estratosféricos: más de un millón de dólares. Ya han comenzado a «revitalizar cuerpos enteros de animales», reconfigurando su genética para evitar que mueran —esta «gran ciencia» parece indistinguible de la magia—. Dicho de otro modo: manipulan células de animales para rejuvenecerlas y, posteriormente, insertarlas en humanos. Suena espeluznante, a película de ciencia ficción, pero en Alto Labs es real. Y está pasando. El propio Bezos nos avisa: «Nunca fracasamos cuando nos proponemos algo». ¿Aviso o amenaza?

El caso es que la idea de la inmortalidad ronda en las mentes de los actuales dueños del planeta desde hace tiempo. Un primer paso lo dio el gigante Google en 2013, en concreto uno de sus creadores, Larry Page (hablaremos de él en el capítulo 7), quien anunció la puesta en marcha de Calico Labs, una empresa biotecnológica dirigida a «retrasar el envejecimiento y las enfermedades asociadas a él». En Calico trabajan científicos de diferentes campos, pero destacan los expertos en biología computacional, una rama que utiliza algoritmos de ordenador para comprender los problemas biológicos y emocionales. Que este laboratorio no haya conseguido resultados evidentes en estos nueve años no intimida al nuevo Kronos ni a su legión de sacerdotes de la «Casa de la Vida». Y si para lograr la eterna juventud hay que manipular y reprogramar el ADN de un ser humano, copiar y almacenar su memoria en un ordenador, codificar sus emociones y reproducir sus órganos en una impresora 3D, se hace y punto. Juan Carlos Izpisúa lo explica sin ruborizarse: «En veinte años podremos prevenir el envejecimiento», mientras que con gran regocijo anuncia inminentes experimentos con monos en Alto Labs... ¿Con monos? Cada vez tengo más claro que, cuando estos sacerdotes de la creación hablan de monos, en realidad se están refiriendo a los humanos. Y para burlar las normativas al respecto, instalan laboratorios secretos en la India.

Vida extraterrestre e inmortalidad

Los territorios elegidos por Bezos para construir el futuro se encuentran entre el espacio exterior y la eternidad: Marte, la Luna, la juventud eterna, la inmortalidad... Y puesto que se adentra en el terreno de la ciencia ficción, hagámoslo también nosotros. ¿Acaso él sabe algo que se nos haya escapado a los demás?

Durante la segunda semana de septiembre de 2022 asistí como conferenciante invitada al Ufology Congress, celebrado en Barcelona, en el que conocí a Christopher Mellon[4]. A muchos les sonará su apellido, ya que pertenece

[4] https://www.christophermellon.net/

a una de las familias aristocráticas estadounidenses que dieron forma al mundo de hoy. Su tatarabuelo, Thomas Mellon, creó el Mellon Bank de Pittsburgh y su bisabuelo, William Larimer Mellon, cofundó Gulf Oil. Chris se formó en los elitistas Colby College y la Universidad de Yale, donde se licenció en Relaciones Internacionales. A partir de entonces ha desarrollado toda su carrera en el campo de la Inteligencia, es decir, de los servicios secretos. Entre otros cargos fue subsecretario de Defensa para Inteligencia durante las Administraciones de Bill Clinton y George W. Bush; también fue el director de Personal del Comité Selecto de Inteligencia del Senado de Estados Unidos y trabajó en Operaciones de Seguridad e Información. Y ahora viene lo bueno…

Mellon es la persona que, en diciembre de 2017, filtró a *The New York Times* los vídeos filmados por el Pentágono de incidentes ocurridos entre pilotos del Ejército estadounidense y astronaves identificadas como no terrestres[5]. Desde entonces trabaja con un grupo de estadounidenses para desestigmatizar el tema, hasta el punto de que ha conseguido algo insólito: introducir en el seno del Congreso y del Senado de Estados Unidos el debate acerca de la existencia de UAP (avistamientos de fenómenos aéreos no identificados, por sus siglas en inglés). Mellon forma parte de un grupo de norteamericanos que batallan por la aprobación de una ley que proteja a los

---

[5] https://www.nytimes.com/2017/12/16/us/politics/unidentified-flying-object-navy.html y https://www.nytimes.com/2017/12/16/us/politics/pentagon-program-ufo-harry-reid.html

pilotos y otros testigos para que puedan hablar abiertamente de sus experiencias sin temor a ser ridiculizados o a perder su trabajo.

¿Cómo se justifica este cambio radical de paradigma? ¿Por qué, de repente, esta necesidad de debatir acerca del fenómeno que ha sufrido el mayor tabú de nuestro tiempo y que ha sido ocultado, encubierto, ridiculizado, atacado y desprestigiado hasta la saciedad, principalmente por los servicios de inteligencia estadounidenses?

«Hay miles de civilizaciones ahí fuera y queremos conocerlas. Algunas pueden que hayan alcanzado la inmortalidad... ¿Cómo serán?», se preguntaba Chris Mellon. El alcance de esta afirmación es enorme, sobre todo por sus conexiones historiográficas... Pero ¿por qué Christopher Mellon, que tiene una mente estructurada —nada especulativa ni fantasiosa—, vincula la idea de la inmortalidad a los UAP? ¿Acaso las fuentes de la eterna juventud podrían hallarse en el espacio exterior? ¿Quizá por eso los nuevos «dioses» de nuestra era han decidido dirigir sus miradas al Cosmos? ¿Qué es lo que saben que no quieren contarnos?

Un ídolo (peligroso) con pies de barro

A Jeff Bezos lo conocemos principalmente por su inmenso poder, su fortuna, su espíritu emprendedor, su visión a medio y largo plazo para los negocios, sus triunfos y éxitos... Un hombre —por mucho que le pese, es lo que es— que gana casi nueve millones de dólares a la hora, mientras sus empleados reciben quince; un hombre que, como ya hemos visto, se enfrenta a su destino como humano —mortal— y está dispuesto a lo que sea para no envejecer y seguir dirigiendo *eternamente* los destinos de los simples mortales que somos sus súbditos. ¿O debería decir esclavos?

Sin embargo, no todos son luces y brillos en su trayectoria. Por ejemplo, es bien sabido que sus empleados son tratados como robots y que las quejas de los trabajadores de Amazon se cuentan por miles: en 2014 fue elegido «el peor jefe del mundo» en el tercer congreso de la Confederación Internacional de Sindicatos celebrado en Berlín. Sharan Burrow, secretaria de la entidad, señaló que Bezos representa la inhumanidad de los patronos que están siendo promocionados por el modelo empresarial estadounidense[6]. También sabemos que en Amazon «se destruye a lo salvaje» y que en sus almacenes se acumula la basura provocada por las devoluciones y por los productos dañados[7].

Aunque asegura que en los últimos diez años ha destinado 10.000 millones de su organización filantrópica, Bezos Family Foundation, a la protección del medio ambiente[8], el perjuicio

---

[6] https://www.eleconomista.es/tecnologia/noticias/5800024/05/14/El-CEO-de-Amazon-Jeff-Bezos-elegido-como-el-peor-jefe-del-mundo-segun-los-sindicatos.html#.Kku8uv25PT1qBga

[7] https://www.epe.es/es/activos/empresas/20211023/amazon-destruye-dia-espana-miles-12264964

[8] El 12 de noviembre premió con 100 millones de dólares a la cantante Dolly Parton. Otros de los galardonados fueron el comentarista y fundador de la organización Dream Corps, Van Jones, y el chef español José Andrés, que dirige la fundación World Central Kitchen.

que la empresa está causando al planeta no parece importar al «hombre más rico de la historia moderna»[9]. Tampoco los derechos de los trabajadores, que han visto cómo se les impide organizarse en sindicatos, cómo se les espía en caso de querer hacerlo y cómo sus condiciones laborales han empeorado sustancialmente, aun a riesgo de sufrir accidentes[10]. Por no hablar del daño que Amazon ha causado al pequeño y el mediano comercio local. De hecho, lo que la compañía provoca es la desertificación económica y social de las ciudades mediante la destrucción de muchas pequeñas y medianas tiendas que tradicionalmente han desempeñado un papel esencial en la economía local. Se trata de una especie de «colonialismo digital» —que se vio favorecido por la *pandemia* de la Covid— cuyas consecuencias las estamos padeciendo todos.

El «efecto Amazon» amenaza con transformar de manera abrupta nuestras ciudades erosionando un elemento clave de su identidad y cohesión social: el pequeño y mediano comercio, que es fundamental para la soberanía y la democracia económica[11].

Pero, como les ocurre a todos los dioses de la Historia, lo que de verdad importa no es el pueblo, sino su imagen pública. Por ello, para tapar su falta de escrúpulos, acaba de anun-

---

9 https://www.businessinsider.es/luces-sombras-jeff-bezos-frente-amazon-9-cifras-803979

10 https://www.businessinsider.es/trabajadores-almacenes-amazon-denuncian-alta-tasa-accidentes-laborales-988279

11 https://www.lavanguardia.com/opinion/20201203/49848309423/efecto-amazon-amenaza-comercio-local.html

ciar que se implicará en apoyar nuevas causas filantrópicas, ya que, al parecer, está «muy preocupado» por la situación económica global. Ante el panorama de crisis y recesión, tiene una recomendación para los pequeños negocios: que no asuman riesgos. ¿Es solo que se siente superior o se está burlando de todos nosotros? ¿Por qué no se dedica a pagar mejores sueldos a sus empleados y a cuidar el ecosistema de producción local que se está cargando? Mucho me temo que a él y a su pareja, la reportera mexicana Lauren Sánchez, les resulta más adecuado —al menos, a su rango de divinidad— regalar su dinero «para ayudar al cambio climático y otros proyectos humanitarios y políticos». Una declaración tan etérea como el dios del Tiempo.

En el ámbito de la falta de libertad y de democracia, Amazon también ha puesto su granito de arena al proporcionar a las fuerzas del orden público herramientas de vigilancia de reconocimiento facial. Rekognition es el nombre de esta tecnología, «potente y peligrosa» en palabras de la Unión Americana de Libertades Civiles, que ya se usa en algunos lugares de Estados Unidos para la «identificación de sospechosos». El sistema, desarrollado desde 2019, «puede utilizarse fácilmente para violar las libertades y los derechos civiles», ya que gracias a él es posible «identificar, rastrear y analizar personas en tiempo real y reconocer hasta cien individuos en una sola imagen gracias a la Inteligencia Artificial»[12]. Este afán de con-

---

[12] https://www.xataka.com/seguridad/amazon-ha-entrado-en-el-negocio-de-la-vigilancia-vende-tecnologia-de-reconocimiento-facial-a-policias-de-eeuu

trol ni mucho menos es ideológicamente neutro, sino que atenta contra las libertades fundamentales de los ciudadanos, que se encuentran desvalidos ante el poder de la tecnología y de quienes la manejan a su antojo.

Pero Bezos, tan arrogante y altivo como sus dioses hermanos, ha olvidado que la avaricia siempre acaba por romper el saco. En efecto, las cosas comienzan a ponerse feas en lo que a resultados y reputación se refiere. En el tercer trimestre de 2022, Amazon ha tenido unos resultados «decepcionantes», y fue el segundo trimestre consecutivo en el que las finanzas de la compañía sufrieron caídas porcentuales de dos dígitos en el precio de sus acciones. Entre enero y septiembre del pasado año, el gigante tecnológico perdió 3.000 millones de dólares, unas pérdidas que se deben fundamentalmente al desplome en el mercado de valores de la empresa de fabricación de vehículos eléctricos Rivian (¡anda!, como los Tesla de Elon Musk), en la que, desde 2019, Amazon tiene una participación importante[13]. Kronos-Bezos versus Dionisio-Musk. Lucha de dioses para ver quién tiene más poder, quién es más influyente, quién fabricará el mejor coche eléctrico, quién nos enviará antes al espacio, quién hallará la fuente de la eterna juventud... Por lo que parece, el segundo va ganando la partida en más campos de batalla que el primero.

---

13 https://www.infobae.com/america/eeuu/2022/10/28/fuerte-caida-de-las-acciones-de-amazon-en-wall-street-por-los-malos-resultados-del-tercer-trimestre/

En su ilimitado afán de poder, los nuevos dioses ya no desean competir con los antiguos, sino derrocarlos, ocupar su lugar, luchar entre sí y mostrarse invencibles ante todos los demás, simples mortales. A fin de cuentas, para los dueños del planeta la vida de las personas se reduce a eso, a un simple algoritmo que se puede almacenar, copiar, modificar y, por supuesto, eliminar cuando lo crean oportuno. El pensamiento, el aprendizaje que surge a partir de la experiencia vivida y sentida, los sentimientos, los temores, los sueños, los fracasos, las victorias, las ideas que nos definen... Nada de esto importa cuando te crees un dios inmortal y das rienda suelta a una ambición desproporcionada y sin límites. Para el nuevo Kronos, envejecer es una enfermedad que hay que curar o «prevenir», y la «gran ciencia», financiada con su propia fortuna, pondrá todo su empeño en hacernos —perdón, en hacerlos a ellos— inmortales. Los demás, pobres y esclavos, no podremos pagar la eternidad.

Quisiera recordarle una vieja historia al dios del Tiempo que parece haber olvidado. Hace más de dos mil años, Alejandro Magno (356-323 a. C.), el gran conquistador macedonio, deseaba ir a la India para encontrar a un yogui que le enseñase a ser inmortal. Un día, uno de sus generales le dijo que, después de años buscando, al fin lo habían encontrado y que podía reunirse con él. Sin embargo, *algo* pasó en la mente del gran héroe de la Antigüedad, que reconoció que ya no quería ser inmortal. ¿Qué fue lo que pensó? Quizá se acordó de los secretos que le había confiado el dios Amon-Ra, secretos que nunca compartió con nadie, ya que entró solo en el sancta-sanctórum... Lo que sí sabemos es que, desde la más remota Antigüedad, el ser humano ha dialogado con la Muerte. El Inframundo, el Hades, el Más Allá y el Infierno eran lugares de paso o de destino final, según los relatos de distintas culturas. Y nada ni nadie tiene —ni tendrá— la «cura» para zafarse de la muerte. Ya lo dijo Alejandro: «Quiero que los más eminentes médicos carguen mi ataúd para así mostrar que ellos no tienen, ante la muerte, el poder de curar».

El nuevo Kronos del siglo XXI pretende provocar un cambio radical en nuestra forma de entender la vida y el sentido de ser humanos. Desea controlar, por medio de la genética, el Árbol de la Vida y construir un nuevo Edén a su medida. Habría que recordarle a Bezos y a sus sumos sacerdotes las palabras de Alejandro: la muerte no es una enfermedad que se pueda curar, ni siquiera los más sabios, los más ricos ni los más poderosos pueden.

3
Bill Gates
El falso mesías del siglo XXI

Si no puedes con el enemigo… ¡Cómpralo!

Bill Gates

Según la mitología griega, el dios Ícaro, hijo del arquitecto e inventor Dédalo, se encontraba retenido junto a su padre en el laberinto que este había construido en la isla de Creta por orden del rey Minos, el tirano que controlaba todas las aguas y la tierra circundantes. Solo era posible escapar por aire, de modo que Dédalo se puso manos a la obra y construyó unas alas para él y para su hijo enlazando plumas con cera de abejas de tal forma que parecieran las de un pájaro. Cuando el ingeniero terminó las alas, aconsejó a Ícaro que se cuidara muy mucho de acercarse demasiado al sol, porque la cera se derretiría, las alas se destruirían y acabaría precipitándose al vacío.

Sin embargo, cuando Ícaro levantó el vuelo y observó el mundo desde lo alto, una novedosa sensación lo atrapó: henchido de poder y de gloria, experimentó un irrefrenable deseo de tocar el sol con sus propias manos. Enseguida olvidó los consejos de su padre y ascendió tanto que las alas comenzaron a deshacerse, no pudo mantenerse suspendido en el aire, cayó al mar y se ahogó.

Como sucede con tantos otros mitos de la Antigüedad, la lección que podemos sacar nos resulta asombrosamente cercana: vivimos en una época en la que la gloria, el poder y el ansia de control de quienes se creen dioses inmortales conducen a situaciones ya no solo delirantes y surrealistas, sino —lo que es mucho más grave— peligrosas, amenazantes y terroríficas para quienes sufrimos las consecuencias de unos actos guiados únicamente por la vanidad, la soberbia y el narcisismo. Pero lo peor es que intentan convencernos de que todo es «por nuestro bien», que esos actos responden al buen hacer y a la inteligencia benévola de un héroe al que todos deberíamos estar agradecidos...

Pero no nos adelantemos y vayamos al inicio de la historia de ese falso mesías de nuestro tiempo que es Bill Gates, a quien, como al joven Ícaro, tan solo le importa dar rienda suelta a sus ansias de poder y dejarnos boquiabiertos con sus numerosas proezas, aun cuando esas mismas hazañas acaben destruyendo el planeta que supuestamente pretende salvar. Sin duda, su poder le ha deslumbrado y, maravillado ante la contemplación de sus propias obras, se ha quedado ciego. Ya no ve la realidad.

Nombre completo: William Henry Gates III
Nacimiento: 28 de octubre de 1955, Seattle, Washington, Estados Unidos
Nacionalidad: estadounidense
Estudios: Lakeside School (1968-1973), Universidad de Harvard (1973-1975)
Ocupación: empresario, copresidente de la Fundación Bill y Melinda Gates
Empresas relacionadas: Microsoft, Berkshire Hathaway, Cascada Investment, TerraPower
Patrimonio estimado: 129.000 millones de dólares (según *Forbes,* abril de 2022)

Trabajando el *marketing* de la ansiedad

William Henry Gates III nació en la ciudad estadounidense de Seattle en 1955. Se cuenta que ya de pequeño mostraba una inteligencia superior a la media —¡qué peligroso es creerse y que te crean más inteligente que la media!— y un carácter bastante huraño, consentido y rebelde. Hijo de William H. Gates *senior,* abogado de éxito, y de Mary Maxwell, profesora en la Universidad de Washington, directora del First Interstate Bank, gestora de la filantrópica One Way y vehemente activista social a favor de la reducción de la natalidad en el mundo, nuestro protagonista y sus dos hermanos recibieron de sus padres una esmerada educación propia de la clase media-alta estadounidense. Sabemos que le encantaban los juegos de mesa, principalmente el Risk (un juego de guerra estratégica) y el Monopoly: no nos cabe duda de que en ninguno de los dos debía de tener rival.

Tras pasar los primeros años escolares por un colegio público, en 1968 a Gates lo matricularon en la elitista escuela de Lakeside, donde —¡oh, casualidades del destino!— había una computadora que le permitió entrar en contacto con la informática. Allí conoció a Paul Allen, con quien más tarde, en 1975, siendo los dos alumnos de la Universidad de Harvard, fundó Microsoft. Un año después, sin haber terminado los estudios (de hecho, no se graduó hasta los cincuenta y dos años... ¡y en Derecho!), se trasladó a la ciudad de Alburquerque, sede de la compañía de electrónica MITS, para pactar con ellos la cesión del 50 % del intérprete informático Altair Basic que Gates y Allen pensaban crear. Una práctica común en la historia de Microsoft: anunciar un producto no existente para medir el interés que despierta y trabajar el *marketing* del deseo —o más bien, el *marketing* de la ansiedad, como hizo con las *vacunas* contra la Covid—. Algunos lo llamamos fraude; a otros les gusta llamarlo «visión de futuro». El caso es que podemos afirmar que, desde sus inicios como emprendedor, lo que hacía Gates era vender humo, un humo muy deseado, eso sí, al que un empresario sin escrúpulos como él ha sabido sacar provecho.

En 1980 llegó a un acuerdo con la multinacional IBM, a quien *vendió* la idea del sistema operativo MS-DOS —aún inexistente— para competir con Apple. Lo dantesco del caso es que, en el acuerdo, Microsoft se quedaba con los derechos de licencia y mantenimiento, e incluso con la posibilidad de vender el sistema operativo —repito: aún inexistente— a otras compañías. Sorprendentemente, IBM aceptó las condiciones, tras lo cual Gates y su socio le compraron al joven programador Tim Patterson, por 50.000 dólares, los derechos de autor del sistema QDOS, que vendieron a IBM como MS-DOS. Por contrato, la compañía debía pagar un canon a Microsoft por cada ordenador que vendiera. Posteriormente, tras comprobar el desarrollo exitoso de Apple en el entorno gráfico y el «ratón», la empresa de Gates sacó al mercado Microsoft Windows para competir directamente con Macintosh. Resultado: desde hace más de veinte años, el sistema operativo de Microsoft (en todas sus versiones) se utiliza en la mayor parte de ordenadores personales del planeta. Lo que hizo no tiene equivalente: patentó el nuevo alfabeto. Se adueñó de la escritura contemporánea. Nos robó a todos. Como vemos, el dios Ícaro, orgulloso de sus alas recién construidas —a imitación—, acaba de alzar el vuelo y, consciente de su poder, se dirige hacia donde nadie ha llegado antes. «¡Obsérvenme!», parece decirnos desde las alturas. «¡Mi poder no tiene igual!». Su vanidad lo ha alucinado.

En 1986, año en que Microsoft salió a Bolsa, Bill Gates, que entonces tenía treinta y un años, apareció por primera vez en la lista *Forbes* de los 400 hombres más ricos del mundo. En aquel momento su fortuna se valoraba en unos 315 millones de dólares. Un año después, el aumento del precio de las acciones de Microsoft le convirtió en el multimillonario más joven del mundo, con 1.250 millones de dólares. En 1991 entró en el *ranking* como la segunda persona más rica de Estados Unidos, con un patrimonio neto de 4.800 millones de dólares, y al año siguiente ascendió hasta la primera posición, con una fortuna valorada en 6.300 millones de dólares. No abandonó este puesto hasta 2018, cuando ese otro dios henchido de gloria llamado Jeff Bezos lo superó por primera vez. Actualmente ocupa el cuarto lugar, por detrás de Bernard Arnault, Elon Musk y Jeff Bezos, con una fortuna estimada en casi 130.000 millones de dólares.

Para Gates somos demasiados

Pese a que desde el momento de su creación Microsoft ha sido objeto de numerosas críticas por sus prácticas monopolistas e incluso entró en los tribunales de justicia —su modelo de negocio consiste en comprar compañías pequeñas para abarcar más ámbitos de negocio[1] y aniquilar a la competencia—, a Gates lo que le quita el sueño es el planeta en el que vivimos. Los 8.000 millones de personas que habitamos en él le «preocupamos» sobre todas las cosas, principalmente porque, según él, somos demasiados. Y demasiado pobres. No es posible llegar a otra conclusión cuando observamos el rumbo que tomó su vida desde que decidió abandonar el día a día de la empresa que fundó para centrarse en la «planificación familiar», circunloquio para no desvelar lo que hace realmente: acabar con nuestras vidas. Tenía claro que había llegado el

[1] Tampoco es original en esto, ya que imita el sistema de John D. Rockefeller, considerado el primer millonario de la Historia. Lo logró absorbiendo, mediante extorsiones, las empresas petroleras más pequeñas y comprando a los jueces para acabar ejerciendo el monopolio.

momento de darle un nuevo enfoque a su inmenso poder e influencia.

En 1989, una ejecutiva de Microsoft de veintiocho años llamada Melinda French llamó la atención de Bill, que entonces tenía treinta y siete años. Con el tiempo su relación trascendió lo puramente intelectual y laboral, y el 1 de enero de 1994 se casaron en Hawái. En 1996 nació la primera hija de la pareja, Jennifer, y un año más tarde, la familia se mudó a una mansión de 55.000 metros cuadrados en las orillas del lago Washington valorada en 54 millones de dólares. Pronto, Bill y Melinda demostraron un interés especial por las obras filantrópicas, siguiendo la estela de los magnates Andrew Carnegie y John D. Rockefeller, titanes de la revolución industrial americana, así como los logros de la madre de Gates con One Way[2], que inspiraría el proyecto The Giving Plegde («La promesa de donar»).

En 2006 crearon la Fundación Bill y Melinda Gates dedicada a obras «benéficas» en todo el mundo cuyo objetivo es, paradójicamente, maximizar el «retorno sobre la inversión». De hecho, sus inversiones incluyen iniciativas que han sido criticadas por incrementar la pobreza en los mismos países en desarrollo en los que aseguran trabajar para reducirla[3]. Es decir, por un lado nos dicen que quieren «salvar el planeta», mientras que a la vez —aunque lo ocultan— lo destruyen. Para algo son los dueños del mundo, ¿no? Pueden hacer lo que quieran, incluso crear amenazas donde no las hay.

---

[2] Véase *La verdad de la pandemia. Quién ha sido y por qué,* Ediciones Martínez Roca, Barcelona, 2020.

[3] Ibíd.

Recordemos de nuevo —es preciso recordarlo una y mil veces— la charla TED titulada «Innovando a cero» que Gates pronunció en 2010. Dijo que era necesario frenar el cambio climático, para lo cual había que reducir el crecimiento de la población mundial a cero, ya fuera con «nuevas vacunas» o disminuyendo la natalidad mediante la «planificación familiar», es decir, el aborto, la esterilización y la eutanasia[4].

> El mundo de hoy tiene 6.800 millones de personas. Y nos dirigimos a 9.000 millones. Ahora, si hacemos un gran trabajo en nuevas vacunas, atención médica y servicios de salud reproductiva, podríamos reducirlo en, tal vez, el 10 o el 15 %.

Aunque a la Fundación le llovieron las críticas por promover la práctica del aborto y/o la esterilización de las mujeres en edad de procrear en numerosos países subdesarrollados y en vías de desarrollo, las espeluznantes declaraciones no generaron el debate social necesario, ya que no fueron difundidas en los medios y plataformas de comunicación de masas.

Respecto a las *vacunas,* seguro que a todos nos vienen a la cabeza imágenes recientes de miles de personas haciendo cola para *ser vacunadas* contra la Covid-19. Ya fuera en los medios de comunicación o en cualquier tertulia improvisada, la llegada de la ansiada *vacuna* era el principal tema de conversación, sin que en ningún momento se hablara de lo que había detrás. Mejor dicho: de *quiénes* estaban detrás. En este sentido, no está de más recordar que, durante los meses de confinamiento

---

[4] Ibíd.

por la *pandemia,* en las redes sociales corrió como la pólvora una conferencia que Bill Gates dio en 2015 en la que alertaba de la llegada de una pandemia global para la que el mundo no estaba preparado. Hablamos del mesías Gates, por lo que a estas alturas sus dotes proféticas no deberían extrañarnos:

> Cuando era niño, el desastre que más nos preocupaba era una guerra nuclear. Por eso teníamos un barril en nuestro sótano lleno de latas de comida y agua. Cuando se produjera el ataque nuclear, se suponía que debíamos bajar las escaleras, agacharnos y alimentarnos del barril. Hoy el mayor riesgo de catástrofe global no se ve así. Si algo mata a más de 10 millones de personas en las próximas décadas, lo más probable es que sea un virus altamente infeccioso en lugar de una guerra. No serán misiles, serán microbios[5].

La *pandemia* de la Covid-19, según los datos oficiales de la Organización Mundial de la Salud, ha causado alrededor de 15 millones de muertes en todo el mundo en 2020 y 2021[6]. Como vemos, Gates no acertó del todo en sus cálculos: predijo 10 millones y al final han sido 15, pero, bueno, tampoco es una diferencia tan grande y, además, ¿qué pueden importarle a un dios cinco millones de personas más o menos? El caso es que nos preparaba ante el porvenir y, como no podía ser de otro modo, nos daba la solución:

---

[5] Ibíd.

[6] https://www.bbc.com/mundo/noticias-61333739

Podemos construir un sistema de respuesta realmente bueno. Tenemos los beneficios de toda la ciencia y la tecnología. Tenemos teléfonos para obtener información y transmitirla, tenemos *mapas satelitales donde podemos ver dónde están las personas y hacia dónde se mueven,* tenemos avances en biología que deberían cambiar drásticamente el tiempo de respuesta para observar un patógeno y poder *fabricar medicamentos y vacunas* que se ajusten a ese patógeno. Podemos tener las herramientas, pero esas herramientas *necesitan ser implantadas en un sistema global de salud* [las cursivas son mías][7].

Bill Gates y las *vacunas* contra la Covid-19

Así que Bill Gates predijo el coronavirus y en plena *pandemia* anunció que fuésemos optimistas porque su Fundación conseguiría la *vacuna* para todos. De este modo se convertía en el «salvador» de la humanidad, en un nuevo mesías al que adorar, seguir y obedecer. La *vacuna* de la Covid-19 se convirtió en el objeto más buscado, el más deseado, y todos la compraríamos —nuestros Gobiernos—. Pero lo que pocos sabían —la maquinaria propagandística se había afanado para ocultarlo— es que se trataba de una composición experimental con altos riesgos para la salud. A fin de cuentas, Gates ya había demostrado sus dotes para el *marketing* al vender un sistema operativo sin que existiera… Ahora se trataba de generar la misma demanda en casi 8.000 millones de personas aterrorizadas por un virus.

---

[7] Véase *La verdad de la pandemia,* ob. cit.

Y bien que lo hizo. La Fundación Bill y Melinda Gates, a través de sus ramales GAVI (Alianza para la Vacunación) y CEPI (Coalición para las Innovaciones en Preparación para Epidemias), y en colaboración con los Gobiernos occidentales, invirtió millones de dólares para acelerar el desarrollo del mejunje contra la Covid-19, hasta el punto de que la Fundación financió la mayoría de las *vacunas* inoculadas a la población desde 2020. O sea, que el filántropo Gates financió para después recuperar con creces su inversión. Él es uno de los principales accionistas de Pfizer, que, como todas las farmacéuticas implicadas, multiplicó sus beneficios con la falsa *pandemia*.

La compañía se ha visto envuelta en la polémica del «Pfizergate», tras haberse descubierto que «nunca probó la validez de las *vacunas* Covid»[8]. Coincidiendo con el lanzamiento de la quinta dosis de la *vacuna,* en octubre de 2022 una de las directoras ejecutivas de la empresa, Jannine Small, reconoció ante una comisión del Parlamento Europeo —en realidad, se había convocado al CEO de Pfizer, Albert Bourla, pero no asistió— que la *vacuna* contra la Covid-19 «no se testó antes de ser comercializada»[9]. Esta frase en sí misma supone un atentado, un crimen contra la vida de la población, porque en la primavera de 2020 las *vacunas* llegaron al mercado con una publicidad tan infame como mentirosa. Recordemos que

---

[8] https://www.elconservadorcr.com/pfizergate-escandalo-al-declarar-que-nunca-probaron-la-eficacia-de-las-vacunas-covid

[9] https://www.edatv.news/noticias/34266/todo-lo-que-te-esconden-sobre-el-pfizergate

los titulares no solo aseguraban un 90 % de eficacia contra la posibilidad de morir, sino para detener la transmisión. Las hemerotecas salvaguardan esas noticias en las que los abyectos Bill Gates, Albert Bourla y el doctor Fauci aseguraban con rostros sonrientes que «los vacunados no contagian» y «los vacunados pueden sentirse seguros», mientras los pseudoperiodistas e *influencers* les hacían el trabajo sucio gritando como perros rabiosos que los *antivacunas* debían ser expulsados del trabajo, de los bares, de la calle y de la vida porque «son unos asesinos». Precisamente para diferenciar a los asesinos bárbaros de los ciudadanos responsables y civilizados crearon el «pasaporte Covid», un documento segregador que nos hizo recordar los peores totalitarismos de la historia europea.

Pero aún hubo más. Jannine Small intentó justificar lo sucedido con estas palabras: «Tuvimos que movernos a la velocidad de la ciencia». Mentira. La verdadera ciencia es la que no daña a las personas.

Pese a la gravedad del caso, los medios de comunicación apenas se han hecho eco de una noticia que podría echar abajo el castillo de naipes creado alrededor de las *vacunas* y de su urgente «necesidad» de inocularlas para «salvar vidas». ¿Qué sentido tuvo el pasaporte Covid, que discriminaba a los ciudadanos en función de las dosis de *vacunación* que habían recibido para entrar en un restaurante o viajar en tren, autobús o avión? La respuesta está clara: ninguno relacionado con la salud. La excusa de la directora ejecutiva de Pfizer para actuar con semejante falta de profesionalidad y de escrúpulos es que «teníamos que movernos a la velocidad de la ciencia para entender lo que estaba ocurriendo en el mercado». Resulta aterrador leer en la misma frase los conceptos «velocidad», «ciencia» y «mercado». Lo que nos estaba confesando es que sería el mercado —o sea, tu abuela, tu hijo, tu madre, tú— el que revelaría si las *vacunas* funcionaban o no. Para los dueños del planeta, las personas solo son un mercado con el que jugar, al que engañar y manipular, matar y asesinar con el objetivo de aumentar sus beneficios monetarios y de control. Hay quienes viven toda una vida en la Tierra sin corazón.

Obviamente, el nuevo Ícaro del siglo XXI ni siquiera se inmuta ante esta revelación, aunque, eso sí, sus habituales declaraciones mofándose de la «comunidad antivacunas» han dejado de aparecer en las redes sociales desde que estalló el escándalo.

Una ciencia que mata

Si hablamos con las cifras en la mano, en 2022 se han producido en nuestro país más muertes «inexplicables», a una media de cien personas diarias fallecidas «sin que se sepa la causa», tal y como denuncia Rafael Cascón Porres, investigador de la Universidad Politécnica de Madrid[10]. Y lo mismo está ocurriendo en los países más *vacunados* contra el coronavirus. Por ejemplo, los datos extraídos de los informes del Gobierno de Reino Unido son contundentes: una de cada

---

[10] https://www.larazon.es/salud/20211206/tbkbf5ze2zfmvgpmde4gyupemq.html

246 personas *vacunadas* contra la Covid en Inglaterra murió dentro de los sesenta días posteriores a recibir una dosis de la *vacuna* contra el virus; el riesgo de sufrir miocarditis aumentó hasta el 13.200 % y el número de llamadas a urgencias por ataques al corazón en menores de treinta años subió un 82 % en 2021. Asimismo, una de cada 73 personas *vacunadas* contra la Covid-19 estaba muerta a fines de mayo de 2022, lo que significa que las *vacunas* anti Covid son, al menos, 75 veces más mortales que cualquier otra vacuna combinada. Además, las tasas de mortalidad por 100.000 habitantes son más bajas entre los *no vacunados* que entre los *vacunados* en cada grupo de edad. El riesgo de sufrir abortos espontáneos ha aumentado un 1.517 % y existen documentos confidenciales de Pfizer que revelan que el 90 % de las mujeres embarazadas *vacunadas* contra la Covid perdieron a su bebé, aunque tanto el Gobierno como los reguladores de medicamentos optaron por ignorar estos datos.

Los documentos de Pfizer hablan de que, en el estudio realizado en animales, se encontró que existía un mayor riesgo de esterilidad y de defectos de nacimiento tras la inoculación de la *vacuna,* por lo que «no se puede garantizar suficientemente el uso seguro de la vacuna en mujeres embarazadas», revelando además que la vacuna de la Covid se acumula en todo el cuerpo (un hecho que se negó hasta el último momento), incluidos los ovarios, por lo que los casos de cáncer de ovario y de útero están ahora en su punto más alto[11].

---

[11] https://diario16.com/aumento-de-mortalidad-inexplicable/

Las cifras oficiales de mortalidad en Europa muestran que ha habido un inquietante aumento del 691 % en el exceso de muertes entre los niños desde que, en mayo de 2021, la Agencia Europea de Medicamentos dio la autorización para el uso de emergencia de la *vacuna* «Pfizer Covid-19» en menores de doce a quince años. Por desgracia, esta tendencia ha continuado hasta 2022, con Europa registrando un incremento del 381 % en el exceso de muertes de niños en comparación con el promedio de 2018 a 2021[12].

Los datos hablan por sí solos; solo hay que conocerlos. Al parecer, el Ícaro del siglo XXI ha decidido soltar lastre para que su vuelo hacia el sol sea lo más ligero y rápido posible. Dicho de otro modo: ha decidido exterminarnos, ya sea actuando contra el nacimiento de nuevos seres, ya sea mediante el uso masivo de unas sustancias que él mismo se encargó de vendernos como la única vía para «salvar a la humanidad».

La reputación del «buen millonario»

Sin duda, el dios Ícaro demostró un gran arrojo cuando comenzó a volar —recordemos: gracias a unas alas construidas a imitación de las de los pájaros— y a contemplar el mundo desde el aire. Una buena perspectiva desde la que observar las miserias de quienes vivimos en la tierra y los peligros que amenazan el poder de los dioses. Pero para que el vuelo sea completo y «seguro» cualquier dios que se precie ha de con-

---

[12] Ibíd.

seguir que los humanos le observemos con admiración, que le envidiemos y deseemos ser como él, que sigamos sus movimientos con asombro y regocijo. Si Ícaro ha sido capaz de levantar el vuelo es porque es más inteligente que los demás y solo él está capacitado para señalar el camino que hemos de seguir. Ese es el objetivo de las millonarias inversiones que la Fundación Gates ha realizado en los últimos años en los medios de comunicación más importantes del mundo —más de 300 millones de dólares—, como las cadenas de televisión CNN, NBC, PBS y la revista *The Atlantic* (en Estados Unidos); los diarios *The Guardian*, *Financial Times*, *The Daily Telegraph,* y la mismísima BBC (en Reino Unido), o los periódicos *Le Monde* (Francia), *Der Spiegel* (Alemania) y *El País* (España)[13].

En todos estos medios, la «labor» de Gates aparece acompañada de adjetivos y expresiones de alabanza: «Bill Gates: filántropo» (BBC, 2010); «Cómo Bill Gates anima a limpiar el planeta *(The Guardian,* 2018); «Lo que Einstein y Bill Gates nos enseñan sobre los viajes en el tiempo» *(NBC News,* 2017)[14]. Está claro que no importa tanto lo que los dioses hacen como la forma de *vendernos* lo que hacen. La reputación es lo primero: sin ella difícilmente lograrán mantenerse en lo más alto del Olimpo. En la era de imagen, la verdad es lo que la gente *cree* que es verdad.

---

[13] https://www.mintpressnews.com/documents-show-bill-gates-has-given-319-million-to-media-outlets/278943/

[14] https://www.mintpressnews.com/faux-generosity-how-bill-gates-bought-his-power-and-influence/263208/

Pero ¿cuánto le ha costado a Gates consolidar su reputación? Según los datos de los que disponemos —los que él quiere que conozcamos—, el mayor filántropo del mundo ha donado 23.000 millones de dólares a «causas benéficas», de los cuales 2.000 millones se destinaron a «atenuar los efectos de la pandemia»[15]. Los medios pueden decir la cifra que les apetezca, porque periodísticamente es casi imposible de contrastar. De lo que no hay duda es de que parte de ese dinero va dirigido a campañas de prensa y *marketing* público para vender su imagen de «buen millonario». Hasta ahora no le ha ido mal, aunque cada vez son más las voces críticas que se alzan contra él. En este sentido, en declaraciones a *Mint Press News,* Linsey McGoey, profesor de Sociología de la Universidad de Essex autor de *No Such Thing as a Free Gift: The Gates Foundation and the Price of Philantropy* («Los regalos gratis no existen: la Fundación Gates y el precio de la filantropía»), habla del «daño que la filantropía puede hacer a la democracia a largo plazo cuando se usa deliberadamente para desviar la atención de diversas formas de explotación económica que a día de hoy acentúan la desigualdad global»[16].

Esto es precisamente lo que la Fundación Gates viene practicando desde su creación. Un ejemplo claro lo encontramos en la estrechísima relación que la organización tiene con el gigante Monsanto (compañía estadounidense especializada en agroquímicos y biotecnología destinada a la agricultura, de

---

[15] https://www.abc.es/xlsemanal/personajes/bill-gates-antivacunas-jefrey-epstein.html 21/05/22

[16] Ibíd.

la que Gates es accionista principal), cuya implantación en África supuestamente pretende erradicar la pobreza en el continente, pero a costa del uso de productos dañinos para la salud. Es obvio que la Fundación Gates no pretende tanto acabar con las situaciones que generan la pobreza en el mundo, sino con la gente que la padece.

Recuerdo ahora cómo Gates reflexionaba acerca de su vivencia durante la *pandemia,* parte de la cual la pasó en una mansión de 6.000 metros cuadrados con playa privada: «Tengo perfecta conexión a Internet, casas grandes, un avión privado en el que no hay riesgo de infección. Pude ver a mis hijos. Otras personas lo pasaron mucho peor, *sobre todo los pobres,* claro»[17]. ¡Qué afortunado! Cómo disfruta recreándose en la pobreza y en el sufrimiento de los demás... Sin embargo, Gates asegura que solo les dejará a sus hijos 10 millones de dólares de herencia porque considera que demasiado dinero no es bueno para su desarrollo como personas. En esto no se equivoca: solo tiene que mirarse en el espejo para ver a un verdadero monstruo.

Otro asunto que amenaza la buena reputación del nuevo Ícaro del siglo XXI es el de su divorcio de Melinda Gates después de veintisiete años casados. En un primer momento se nos intentó vender la idea de que se trataba de «divorcio justo y equitativo», incluso amistoso. Sin embargo, poco a poco las cosas comenzaron a torcerse y los verdaderos motivos de la separación salieron a la luz. Fue la propia Melinda quien finalmente habló sin tapujos de la «amistad» que unía a su

---

17 Ibíd.

entonces marido con el empresario Jeffrey Epstein, condenado en 2013 por delitos sexuales y tráfico de menores, a quien Gates invitaba con frecuencia a las cenas de recaudación de fondos para su fundación, incluso cuando el magnate ya había sido juzgado y condenado[18] —recordemos que el empresario «se suicidó» en su celda en 2019—. «Cometí un gran error», reconoció Gates cuando su exmujer, que tachó a Epstein del «mal hecho persona», habló de esas reuniones.

Pero eso no era todo: según ha publicado *The Daily Beast,* durante años Bill Gates visitó a Epstein en su apartamento (de 77 millones de dólares) en Manhattan para «descansar de su matrimonio» y «huir de Melinda», en un ambiente que el medio define como «un club para hombres»[19]. Cuando la periodista Judy Woodruff, de la cadena *PBS,* le preguntó insistentemente por estos encuentros, el filántropo le respondió: «Bueno… él está muerto, así que…»[20]. Inquieta sobre todo la expresión amenazante de su cara cuando pronunció estas palabras. Y sorprende que el FBI haya eludido profundizar en el caso y haya ocultado la lista de nombres vinculados al proxeneta, máxime cuando existen más que infundadas sospechas de pederastia.

---

[18] https://www.businessinsider.es/bill-gates-reconoce-error-invitar-jeffrey-epstein-cenas-1054123

[19] https://www.elmundo.es/tecnologia/2021/05/17/60a263eafc6c838a1a8b463d.html

[20] https://www.infobae.com/america/eeuu/2021/09/22/el-incomodo-momento-de-bill-gates-al-hablar-de-su-vinculo-con-jeffrey-epstein-bueno-el-esta-muerto/

Asimismo, han comenzado a aparecer rumores sobre el pasado mujeriego de Bill en épocas no demasiado lejanas en el tiempo. Al parecer, durante los casi treinta años que duró su matrimonio con Melinda, el magnate mantuvo relaciones con otras mujeres —algunas de ellas, trabajadoras de Microsoft—, asistía a fiestas subiditas de tono, solía frecuentar clubes de *striptease* y trataba de manera desdeñosa y despótica a sus empleadas[21], algunas de las cuales han descrito comportamientos dc acoso por parte de Gates. ¿Acaso la reputación impecable del nuevo Ícaro —construida a base de talonario— comienza a resquebrajarse? ¿Quizá sus alas han comenzado a derretirse y ha iniciado un descenso que ya no puede controlar?

La pelea encarnizada de los dioses

Ya lo vimos en capítulos anteriores: los millones de dólares no son suficientes; tampoco lo es ser el dueño de empresas punteras en el ámbito de las energías renovables, de la Inteligencia Artificial, de la alimentación y la farmacéutica, del comercio *on-line* y de los viajes al espacio. Para los nuevos dioses lo que importa es ser el primero, el más innovador, el más valiente, el más «bueno», y coronarse como el rey del Olimpo dejando atrás a sus rivales.

El afán por dominar, influir y controlar los medios de comunicación constituye un paso esencial para implantar su nefasto

---

21 https://www.businessinsider.es/bill-gates-era-maton-oficina-mujeriego-afirman-fuentes-cercanas-891677

dominio. Se trata de crear opinión; es decir, de manipular la Verdad para que el relato que nos llegue sea el que ellos quieren, el que les interesa —a sus empresas—, ese que dice que son los mejores. No hay duda de que ese es el objetivo que perseguía Gates cuando creó, en 2021, una nueva alianza entre empresas, medios de comunicación y multinacionales tecnológicas dirigida a «luchar contra la desinformación en Internet». Es decir, un nuevo «Ministerio de la Verdad Mundial» —aunque sería más acertado denominarlo «Ministerio de la Mentira Mundial»—, llamado Coalición para la Procedencia y la Autenticidad del Contenido (C2PA) e impulsado por Microsoft, que pretende ir aún más allá de la censura que ya imponen las *Big Tech* a los medios y voces independientes. Así, la empresa del magnate implementará algoritmos y *softwares* que permitan identificar qué contenidos —textos, imágenes, vídeos o documentos— son creados por un medio generalista, como, por ejemplo, *The New York Times,* o por un medio digital alternativo o un usuario.

En el caso de que la noticia provenga de un medio que desafíe y cuestione la información publicada por *The New York Times,* inmediatamente será catalogada como *fake news* y se dirá que ha sido «modificada o manipulada». Es decir, los algoritmos trabajarán para «desechar» de Internet esa noticia, considerándola «engañosa», de manera que cualquier medio que contraste un reportaje del *The New York Times* y ofrezca otra versión que contradiga sus fuentes puede arriesgarse al «destierro digital» impuesto por la Coalición de Microsoft y sus socios[22]. En otras

[22] https://www.libremercado.com/2021-03-02/bill-gates-ministerio-verdad-microsoft-internet-verificadores-fake-news-6714523/

palabras: este «Tribunal de la Verdad» podrá descalificar y desacreditar a quien no diga lo que Gates y compañía desean oír.

Pero, además de convertirse en dueños del relato único, estos nuevos dioses se pelean entre sí, dando lugar a situaciones bastante ridículas para el común de los mortales. Así, el enfrentamiento entre Elon Musk y Bill Gates ha protagonizado buena parte de las declaraciones de ambos en las redes sociales: no están de acuerdo en nada y, como los niños, se pelean porque «a mí no me gusta lo tuyo» y «a mí menos lo que haces tú». Bill Gates declaró en 2020 que «los coches de Tesla no me gustan», a lo que Musk respondió que «las conversaciones con Gates siempre me han parecido decepcionantes». Tampoco estuvieron de acuerdo en la forma de gestionar la *pandemia* del coronavirus: Musk criticó abiertamente el confinamiento, la gravedad de la enfermedad e incluso las cifras de fallecidos que ofrecía la OMS, mientras Gates le mandaba callar —todo vía Twitter— con el típico y pueril argumento de «no tienes ni idea»[23]. Y así con todo… Cuesta creerlo, pero los dioses del siglo XXI parecen niños de ocho años en un patio de colegio.

Quizá por esa mente infantil y soberbia, el último desafío de Bill Gates consiste en un proyecto tan delirante como «tapar el Sol» para mitigar el impacto del calentamiento global en nuestro planeta. Esto se realizaría a través de un complejo programa de geoingeniería, denominado SCoPEx, desarrollado por científicos de la Universidad de Harvard,

---

[23] https://www.businessinsider.es/empezo-disputa-elon-musk-bill-gates-823207

que incluye el uso de unos globos aerostáticos que lanzarían a la atmósfera toneladas de polvo de carbonato de calcio capaces de desviar parte de la luz solar fuera de la Tierra. El propósito del millonario era hacer (en el mes de junio de 2022) el primer vuelo de prueba desde el Centro Espacial Esrange, en Kiruna, al norte de Suecia, pero el país nórdico se ha negado a ceder su territorio[24] para un experimento que despierta más sospechas que certezas. Sin duda un duro revés para alguien poco acostumbrado a recibir un no por respuesta. El caso es que Gates no contaba con que bajo el cielo de su experimento vivieran varias comunidades indígenas que se han negado a que sobre sus cabezas se liberen sustancias desconocidas que podrían dañar tanto su entorno como su salud, y que han mostrado una total desconfianza hacia el magnate al no entender por qué les ha elegido a ellos y por qué no lanza sus globos llenos de polvo sobre su mansión de Hawái. O sobre la de Seattle, de 6.000 metros cuadrados, dieciocho cuartos de baño y una playa privada con arena traída directamente del Caribe.

Gates es un tipo siniestro que sigue insistiendo en que hemos de estar «preparados para la próxima pandemia». Por ello, el 23 de octubre de 2022 volvió a organizar, junto al Centro Johns Hopkins para la Seguridad de la Salud y la OMS, un nuevo ejercicio de simulación pandémico (como el Event 201) titulado «Contagio catastrófico». Como Nerón, Gates es capaz de quemar Roma con tal de salirse con la suya. «Espero

---

24 https://www.businessinsider.es/bill-gates-quiere-tapar-sol-pero-suecia-no-permite-843545

que no tengamos que vérnoslas con el bioterrorismo, con un virus extendido de forma intencional», dijo unos meses antes en una entrevista[25]. El tecnócrata solo piensa en programar. Durante su adolescencia y juventud programaba ordenadores. Ahora programa sociedades y personas. Y virus.

Pero al nuevo Ícaro las cosas ya no le salen como antes. Su suerte ha cambiado. Su ambición extrema ha achicharrado sus alas y sus «bienintencionados» proyectos empiezan a volverse en su contra. ¿Estamos presenciando la caída de un dios que se ha creído capaz de fabricar enfermedades y remedios, de decidir quiénes han de vivir y quiénes han de morir, de controlar la Verdad y la Mentira e incluso de «tapar el Sol»? No le vendría mal que alguien le recordara las palabras que el arquitecto Dédalo dirigió a su hijo cuando le entregó las alas que le permitirían escapar de la isla de Creta: «Ícaro, podrás volar como las aves. Solo tienes que mover los brazos de arriba a abajo, pero no olvides esto, porque es muy importante: no subas demasiado alto, porque el calor del sol derretirá la cera y caerás al mar; y tampoco vueles demasiado bajo, porque la espuma del mar mojará las plumas y ya no podrás volar».

---

[25] https://www.abc.es/xlsemanal/personajes/bill-gates-antivacunas-jefrey-epstein.html 21/05/22

4
Mark Zuckerberg
El *nerd* que quiere «crear» el mundo

> Muchos van a sufrir por todo lo que te he dicho,
> pero después de ese sufrimiento serán mejores personas.
> La gente malvada seguirá siendo malvada
> y no se dará cuenta de lo que estará sucediendo.
> Pero los maestros sabios sí se darán cuenta de todo.
>
> Daniel, 12:10

Cuenta el *Génesis* que Dios tardó seis días en crear el mundo. En el primero creó los cielos y la tierra; luego separó la luz de la oscuridad, nombró a la luz día y a la oscuridad la llamó noche. El segundo día creó el firmamento. El tercero, la «tierra seca», es decir, los continentes y las islas que están sobre la superficie del mar. El cuarto, las estrellas y los cuerpos celestes, como el Sol y la Luna, que permitieron al hombre saber si era de día o de noche. El quinto, Dios creó a todas las criaturas que habitan en el mar y a las que disponen de alas para volar. El sexto, a las que habitan en tierra firme, incluidos los hombres, a quienes concibió a su imagen y semejanza, los bendijo para que se reprodujeran, llenaran la tierra y la gobernaran sobre el resto de especies. Llegado a este punto, Dios contempló su obra y se dio cuenta de que todo lo creado era bueno. Al día siguiente descansó.

Sin embargo, en su creación se había colado un espíritu incendiario. Un ser tan bello, astuto y luminoso como no había otro igual. Hablamos de Lucifer, el portador de la luz, quien, pasado algún tiempo, le planteó algunas reivindicaciones a Dios: que si «en qué estabas pensando» cuando dotaste de libre albedrío a la humanidad, que si «no me gusta» el trabajo que me has asignado, que si «algunas de tus palabras divinas no me cuadran y voy a censurarlas», que si yo habría creado un universo mucho más perfecto... Hasta que al final sucedió lo inevitable: se rebeló contra Dios y juró que no descansaría hasta destruir su creación y construir un nuevo universo a su imagen y semejanza.

A este relato mítico, compartido desde hace más de dos mil años por el judaísmo y el cristianismo —que bebe de cosmogonías milenarias mesopotámicas— le ha salido en el siglo XXI un «competidor» de fondo, una especie de plagio posmoderno y virtual que amenaza con usurpar su lugar en el imaginario humano. Como el judío y el cristiano, se trata de un relato monoteísta en el que un único dios es el creador de todo lo visible y lo invisible, aunque tiene mayor predilección por lo segundo. Ese dios es el Ángel de la Luz de nuestros días —tan viejo como renovado—, que ilumina las mentes de la humanidad para liberarlas y ofrecerles una vida nueva, un futuro fabuloso que solo él es capaz de concebir con su inigualable inteligencia. Y todo lo hace por nosotros, su codiciado rebaño. A este dios «libertador de la humanidad» su osada juventud le ha convencido de que su destino es tumbar el reino antecesor, el antiguo poder, ya por completo obsoleto y caduco.

Su nombre es Mark Zuckerberg y asegura que, con su fortuna, que se calcula en casi 50.000 millones de dólares, va a crear una «nueva religión», fundamentalmente porque, como era de esperar y él mismo reconoce, le gusta «divertirse». Estemos alertas. Lucifer anda suelto.

Nombre completo: Mark Elliot Zuckerberg
Nacimiento: 14 de mayo de 1984, White Plains, Nueva York (Estados Unidos)
Nacionalidad: estadounidense
Estudios: Universidad de Harvard (Ciencias de la Computación)
Ocupación: CEO de Meta
Empresas relacionadas: Facebook, Meta
Patrimonio estimado: 48.800 millones de dólares (Bloomberg, 10 de enero de 2023)

Zuckerberg y los primeros pasos de la creación

Mark Zuckerberg nació en Nueva York en 1984 en el seno de una típica familia acomodada estadounidense de origen judío. Su madre, Karen Kempner, era una reputada psiquiatra y su padre, Edward Zuckerberg, tenía su propia consulta de dentista en el condado de Westchester (Nueva York). Estudió secundaria en la elitista Philips Exeter Academy, donde desde muy joven destacó entre sus mortales compañeros por unas habilidades y un talento muy por encima de la media. No solo sobresalía en Matemáticas, Física y Astronomía, sino en Estudios Clásicos, unos conocimientos esenciales cuando lo que se pretende es perturbar las mentes de sus seguidores con una mezcla de ilusión, fantasía, realidad e imaginación. Y humo, mucho humo negro para ocultar la verdad.

En 2002, con solo dieciocho años, Zuckerberg empezó a «crear». Junto a su amigo Adam D'Angelo (atención al nombre) concibió el exitoso Synapse Media Player, un programa que permitía reproducir música a partir de las selecciones previas de los usuarios. Fue tal el éxito que Microsoft y Apple se interesaron por la aplicación, aunque no llegaron a ningún acuerdo y, finalmente, se subió a la red, donde podía descargarse de forma gratuita. Sin duda, un acto de displicencia divina.

En 2003, el intrépido Lucifer del siglo XXI aterrizó en la elitista Universidad de Harvard para estudiar Psicología y Ciencias de la Computación, e ingresó en la fraternidad Alpha Epsilon Pi —un club privado donde se fomentan las capacidades de liderazgo entre los universitarios—. Inspirado por el ambiente de exclusividad en el que se encontraba, pero en el que tuvo algunas dificultades para relacionarse, volvió a «crear», como Dios al segundo día: en esta ocasión se trató de un portal web llamado Facemash.com, mediante el cual los estudiantes podían acceder a la lista de compañeros de clase y calificarlos según su atractivo a partir de un repertorio de fotos.

Debió de gustarle al joven Zuckerberg esta especie de «selección de los más guapos», que nos transporta al mito griego de las tres diosas compitiendo por ser la más bella. Me refiero al juicio de Paris, el joven príncipe que luego raptaría a Helena de Troya, dando lugar a una de las guerras más legendarias de la Historia. El caso es que Peleo (el padre de Aquiles) olvidó invitar a su boda a Eris, la diosa de la Discordia —qué simbólico—, y a ella no se le ocurrió mayor venganza que presentarse en el banquete para dejar una manzana dorada junto a este mensaje: «Para la más bella». Atenea,

Hera y Afrodita compitieron por el premio y, al principio, se mostraron juguetonas y complacidas. Pero el buen rollo duró poco. Tanto subieron de tono y de un modo tan impropio para su posición que Zeus tuvo que intervenir nombrando a un juez para el certamen de belleza. El juez era Paris. El programa Facemash.com sería como un Paris colectivo donde unos y otros se juzgan por las apariencias externas. Y Zuckerberg sería la diosa Eris, la que sembró la Discordia. No olvidemos que al nuevo Ángel de la Luz le encanta «divertirse».

Pero esta historia solo acababa de empezar, porque poco después, en febrero de 2004, llegó un nuevo momento de creación para el joven Zuckerberg. En efecto, al tercer día creó la plataforma The Facebook (semilla de Facebook), una red de conexión entre los estudiantes de la Universidad en la que, una vez registrados, agregaban amigos con los que intercambiar fotos y escribir mensajes en sus «muros». En realidad, todo comenzó como un juego entre colegas —como el concurso de belleza de las diosas—, pero pronto las previsiones se vieron desbordadas: en solo dos semanas, dos tercios de los estudiantes de Harvard se habían registrado en Facebook y, poco después, lo hicieron más de treinta universidades de Estados Unidos. Todos querían ser o ver a las más bellas, a los más atléticos, a los más populares. Todos querían saben qué hacían, qué pensaban, a dónde iban, qué vestían y qué comían esos mortales que el nuevo creador acababa de convertir en ídolos.

En agosto de 2004, con diecinueve años, Zuckerberg abandonó sus estudios en Harvard y consiguió que Peter Thiel (sí, el que fuera «mejor amigo» de Elon Musk) le prestase medio millón de dólares para seguir desarrollando su creación. Dos años después, Facebook se había convertido en un fenómeno internacional con 64 millones de usuarios concentrados en países de habla inglesa como Estados Unidos, Canadá y Reino Unido. En 2007 anunció el lanzamiento mundial de la plataforma Facebook en la Conferencia del G8 (Dios los cría y ellos se juntan) y, al año siguiente, se abrió a otros idiomas, como el francés, el alemán y el español. Sus oficinas en Palo Alto (California) ocupaban cuatro edificios, en los que trabajaban más de cuatrocientas personas, y su facturación anual, tras vender el 1,6 % del portal a Microsoft —es decir, a Bill Gates—, se estimaba en unos 150 millones de dólares. El último empujón le llegó de la CIA y su fondo financiero In-Q-Tel[1]. Howard Cox es el hombre-eslabón en esta historia, miembro de la junta directiva de dicho fondo y accionista de Greylock Venture Capital, compañía a través de la cual se realizó una inversión de 27,5 millones de dólares[2].

---

[1] Damian Paletta (2016), «The CIA's Venture-Capital Firm, Like Its Sponsor, Operates in the Shadows», https://www.wsj.com/articles/the-cias-venture-capital-firm-like-its-sponsor-operates-in-the-shadows-1472587352 y https://www.theguardian.com/technology/2008/jan/14/facebook

[2] Según su website, In-Q-Tel fue creada en 1999 para trabajar con «empresas que desarrollan tecnologías de vanguardia para ayudarla a entregar estas soluciones a la Agencia Central de Inteligencia». Ya en 2016, casi la mitad de los fideicomisarios de In-Q-Tel estaban directamente vinculados a una de las empresas que financiaban, ya fuera como consejeros o como miembros de su comité de administración o de dirección. Dos de las corporaciones con mayores vínculos a In-Q-Tel son Google y Facebook.

Tan enredado como cristalino. Así funciona la creación de Lucifer: guardando las apariencias y moviéndose sagazmente en la oscuridad.

En marzo de 2008, Zuckerberg, que entonces tenía veinticuatro años, se convirtió en el millonario más joven en acceder al *ranking* de la revista *Forbes* —arrebatándole este título a Bill Gates—, con una fortuna estimada en 6.900 millones de dólares. Dos años después, en 2010, su figura alcanzó inusuales cotas de proyección y popularidad: *Forbes* lo aupó a la posición número 35 de su lista, por delante del visionario Steve Jobs; la revista *Time* lo nombró «Personaje del Año» y Hollywood lanzó un *biopic,* llamado *La red social,* que obtuvo ocho nominaciones a los Oscar.

Nuestro ángel iluminado tenía veintiséis años y el mundo se había postrado a sus pies. Había llegado el momento de expandir su influencia, de ir a por más. Así que al cuarto día creó su gran «ecosistema de redes sociales»: en 2012, Facebook adquirió Instagram —por 1.000 millones de dólares— y dos años después, WhatsApp, operación que el propio Zuckerberg definió como «la compra tecnológica más cara de la Historia». El servicio de mensajería instantáneo costó 19.000 millones de dólares. El 11 de mayo de ese mismo año, Facebook protagonizó la mayor salida a Bolsa de una empresa de Internet: se ofertaron acciones por 18.000 millones de dólares —se agotaron rápidamente— y la compañía quedó valorada en 100.000 millones.

Una semana después, en su casa de Palo Alto y ante cien invitados, Mark Zuckerberg contrajo matrimonio con Priscilla Chan, formalizando una relación que se remontaba a los tiempos de estudiantes en Harvard y al programa Facemash. En 2015 nació Máxima, la primera hija de la pareja, y ese mismo año crearon la fundación Chan Zuckerberg Initiative (CZI)[3], cuyo lema es «Construir un futuro más inclusivo, justo y saludable para todos». Desde entonces, ambos dedican gran parte de su tiempo al mecenazgo y la filantropía. Ya lo hemos visto en capítulos anteriores: la apariencia de «bienhechor de la humanidad» es irrenunciable cuando uno se convierte en multimillonario. Más aún en el caso de este posmoderno Lucifer, a quien la tradición señala como un ídolo cuya astucia está especialmente dotada para engañar con las apariencias.

Pero, además de interesarse por invertir en «vivienda, igualdad de oportunidades e investigación científica», la fundación CZI ha financiado campañas políticas de los demócratas (a favor de Barack Obama, Hillary Clinton o Joe Biden) y movimientos sociales como Black Lives Matter[4], que en 2020, a raíz de la muerte de George Floyd a manos de cuatro agentes de policía, generó una sonada revuelta social. Pero, cuidado, porque los ojos de los no iniciados en los modos de las guerras posmodernas son inducidos al error. Al fin y al cabo, eso es lo que hace Lucifer: confundir. Las olas de indignación que recorrieron todo Estados Unidos y que fueron

---

[3] Tomás Fernández y Elena Tamaro (2004), *Biografía de Mark Zuckerberg (on-line).*

[4] https://dplnews.com/cientificos-financiados-por-la-iniciativa-chan-zuckerberg-piden-al-ceo-de-facebook-revisar-sus-politicas-antieticas/

viralizadas en Facebook (y otros medios de comunicación) nunca fueron espontáneas, sino corrientes de emociones manipuladas mediante las tácticas de la «guerra en red» o «guerra de sexta generación»[5], que a mí me gusta denominar al modo clásico: la Tercera Guerra Mundial. Los ojos no entrenados nada saben de estructuras de poder que pagan a científicos del comportamiento, ocultos en sus laboratorios de ingeniería social para derribar a un enemigo que —como sucedió en este caso— había sido predeterminado: las Fuerzas de Seguridad y el entonces presidente Donald Trump. De hecho, la fundación Chan Zuckerberg cuenta con sus propios laboratorios para estudiar el comportamiento social. Lo ha estado haciendo desde que la Organización Mundial de la Salud (OMS) declaró *su pandemia,* precisamente en colaboración con este y otros organismos.

La obsesión por «crear» el universo

Los inicios empresariales de Mark Zuckerberg estuvieron marcados por la polémica. De hecho, tuvo que enfrentarse a varios procesos judiciales que le obligaron a pagar 65 millones de dólares a tres excompañeros de universidad, los hermanos Cameron y Tyler Winklevoss, y Divya Narendra —le demandaron por haberles robado la idea de Facebook—, y a

[5] Ver el capítulo de mi programa Contrapunto en RT titulado «Guerra en Red: manipulación invisible»: https://actualidad-rt.com/programas/contrapunto/452023-guerras-red-manipulacion-invisible

reconocer el papel de «cofundador» a su exsocio, Eduardo Saverin, que le acusó de haber sido excluido del proyecto injustamente. «Errores de juventud», reconoció posteriormente Zuckerberg, a quien siempre vemos con una sonrisa traviesa e inconsciente en el rostro. Su aspecto de buen chico, siempre con zapatillas deportivas grises, que parece no haber roto un plato en su vida, contrasta con el carácter difícil del que le acusan muchas de las personas que han trabajado con él. Ni mucho menos es un líder carismático, tranquilo y pausado, sino que actúa como un dios obsesionado con extender las fronteras de su creación. Su ilimitada exigencia, su afán de perfección —para superar a Dios— y su escasa o nula emotividad encajan con el síndrome de Asperger que se sospecha que padece.

Supongo que no se puede competir con Dios si te relacionas de tú a tú con el resto de los mortales. Quizá, en algún caso, estos puedan aportar alguna idea, pero por lo general las opiniones de los demás apenas importan si se comparan con la «grandeza» de una obra única y original… o *casi* original, como el legendario pecado que trastocó la creación y que nos costó la expulsión del paraíso. Total, si a mí me han echado del mío, ahora os venís conmigo, que no me gusta estar solo. Eso debió de pensar la serpiente mientras conducía a Adán y Eva hacia el conocimiento del Bien y del Mal.

El caso es que, tras el apoteósico éxito de Facebook, Zuckerberg se sentía con más fuerzas que nunca para continuar sus días como «creador de universos». Ni las constantes denuncias de censura que ha recibido la plataforma desde su formación; ni sus conexiones con agencias como la CIA, la

NSA e incluso el Club Bilderberg —el grupo de la élite que inventó el globalismo—, con los que la red social se ha aliado para hacer «ingeniería social»; ni, por supuesto, su papel como «Juez de la Verdad» son un obstáculo para seguir adelante con su plan de sustitución del mundo natural por su gran universo virtual y sin libre albedrío en el que pretende que vivamos. Esta es la idea que subyace del llamado «metaverso», un proyecto que parece de ciencia ficción, pero que ha comenzado a ser una realidad en la aciaga mente de este visionario chiflado.

En resumen, se trataría de crear un mundo virtual paralelo a nuestra realidad física en el que cada usuario, provisto de un avatar, puede hacer todo lo que ya hace en el mundo físico: salir de compras, quedar con amigos, ir al cine, a un concierto, celebrar reuniones de trabajo, esquiar, navegar, pelear en el parque, cenar en un restaurante…, pero sin salir de casa. Y todo mediante dispositivos electrónicos conectados al cerebro que brindan una «experiencia inmersiva» que *parece* real[6]. Algo así como «televivir»; vivir otra vida, lejos de aquella para la que nuestra biología y nuestros sentidos nos han preparado durante eones de años. Y vivirla en un lugar invisible, colmado de engañosas luces de neón, pero tan oscuro que no nos reconoceríamos a nosotros mismos… porque seríamos otros. Tendríamos amigos imaginarios,

---

[6] https://amp.expansion.com/fueradeserie/tecno/2022/01/31/61f-7c399e5fdea0a778b4615.html?gclid=Cj0KCQiAsdKbBhDHARIsANJ6-jdHsS2lnW4tTc1gwVstmYoQm8l4BG-zkAomVfkwtyRZ6UtFe-tusDGMaAjfREALw_wcB

besos y abrazos falsos, y un avatar de nuestra abuela muerta que nos pone el desayuno. Así, de una creación materialista pasaríamos a una inmaterial, es decir, viviríamos en lo etéreo. Nuestro cerebro sería confundido con visiones e imágenes ilusorias, vanas, hasta el punto de que no sabría distinguir la realidad de la ficción, la verdad de la mentira. Pero nuestra mente no está preparada para lanzarse por semejante acantilado *pop* y, sin duda, colapsará. Puede que al dios de lo invisible le parezca un juego divertido, pero la verdad es que nos perderíamos la auténtica vida, esa que hemos venido a vivir aquí, con el suelo bajo nuestros pies y èl cielo sobre nuestras cabezas.

En octubre de 2021, el Ángel de la Luz lo apostó todo en el génesis de su metaverso. Era ya su quinto día de creación. Cambió el nombre de Facebook por Meta y comenzó a invertir miles de millones de dólares —se calcula que unos 20.000— en un universo que, aseguraba, iba a marcar un antes y un después en la historia de la humanidad. En este punto conviene puntualizar que la idea de Zuckerberg tampoco es precisamente nueva. Ni siquiera el nombre lo es. El metaverso es el mundo virtual en el que Hiro Protagonist, un repartidor de *pizzas* en el plano físico, se convierte en un príncipe samurái en la novela *Snow Crash,* un clásico del *ciberpunk* publicado por Neal Stephenson en 1992, hace más de treinta años, en el que se describe un futuro corporatizado y distópico basado en la realidad virtual[7]. Parece que este Lucifer

---

[7] https://longnow.org/ideas/02021/11/17/the-future-and-the-past-of-the-metaverse/

creador tropieza una y cien veces con la misma piedra: la originalidad. Mejor dicho, la falta de ella.

Aun así, en la presentación del proyecto aseguró que se trataba de la evolución lógica de Internet que, según muchos avisan, no da más de sí. Hasta ahora, nuestra experiencia en el ciberespacio se limita a navegar en webs o manejar aplicaciones pero, cuando despegamos la mirada de la pantalla de nuestro dispositivo, el mundo digital se apaga. Por el contrario, el metaverso implica introducirnos en un universo diseñado y modelado por Meta, es decir, por Lucifer-Zuckerberg. Colores, formas, olores y sensaciones creados mediante inteligencia artificial para disparar en nuestras mentes una ficción. En resumen, una gran mentira basada en la adulteración y en el engaño de nuestras neuronas para sumergirlas en... ¿las tinieblas? Pero pensemos: al cerebro humano le ha llevado formarse miles de millones de años de evolución. Una persona necesita toda una vida para alcanzar la madurez cerebral y a los noventa años aún seguimos aprendiendo. ¿Cuánto tardaría en atrofiarse una generación entera si el metaverso llegara a nuestras vidas? Ya estamos viendo lo que ha provocado su plataforma Facebook. Creo que no necesitamos muchas pistas más.

El mayor impacto de la última creación de Zuckerberg recaerá en las relaciones interpersonales. A día de hoy, las redes sociales ya conectan a personas de todo el mundo, pero la idea es que el metaverso termine por desdibujar las fronteras, creando un espacio común sin limitaciones de tiempo, espacio y lenguaje. Todo mediante avatares creados a gusto del usuario, de modo que cada cual pueda construirse a sí mismo como desee[8]. Zuckerberg nos vende su revolución revestida de conceptos como «liberación individual», «vida sin límites ni fronteras», «sentirlo todo» o *yo concibo y construyo mi mundo a mi medida.* Recordemos que con este nivel de seducción Lucifer le entregó el fruto del Árbol del Conocimiento Prohibido a Eva y Adán. Pasan los siglos, pasan las eras, y Lucifer no logra superar su falta de originalidad. Siempre actúa del mismo modo. Por eso sabemos que la revolución que nos promete es en realidad una puerta que nos abre para rebelarnos contra nuestra bella naturaleza humana.

«¡Yo soy la Luz!, y he venido a poner el mundo del revés. Y, después de destruirlo, volveré a crearlo a mi imagen y semejanza», nos dice. Pero ¿de verdad se lo cree? ¿Realmente piensa que los humanos estamos dispuestos a vivir en un universo de cartón piedra creado y dirigido por un ser funesto que aspira a que nos arrodillemos y nos comportemos de la manera que más le beneficia? A él y a sus legiones, porque, claro, para la construcción de su metaverso el portador de la luz necesita la participación de otros. De hecho, poco después de la presentación del proyecto de Meta, el presidente de Microsoft, Satya Nadella, dijo que su empresa lideraría la creación «del metaverso empresarial»[9]. ¿Metaverso empresa-

---

[8] https://amp.expansion.com/fueradeserie/tecno/2022/01/31/61f-7c399e5fdea0a778b4615.html?gclid=Cj0KCQiAsdKbBhDHARIsANJ6-jdHsS2lnW4tTc1gwVstmYoQm8l4BG-zkAomVfkwtyRZ6UtFe-tusDGMaAjfREALw_wcB

[9] https://elpais.com/tecnologia/2021-10-30/metaverso-el-mundo-virtual-donde-zuckerberg-quiere-que-compres-te-diviertas-y-trabajes.html

rial? ¿Acaso no es adelantarse mucho tomar posiciones para colonizar un mundo que aún no se ha creado?

La caída del Ángel de la Luz

Hace apenas un año, Zuckerberg aseguraba que su mundo paralelo movería «centenares de miles de millones de dólares» en la próxima década[10]. A fin de cuentas, el dinero siempre fue y será una de las herramientas predilectas de Lucifer para atraer a impíos, corruptos, despistados, atolondrados y necios. Hace tiempo que nos demostró que lo ama más que a las personas. Si fuese al revés, la plataforma Facebook ya no existiría, y el metaverso, aún menos. Ya es más que evidente que su gran creación introdujo la Discordia en el mundo. De hecho, Facebook es parte responsable de que el 42 % de los jóvenes de dieciocho a veinticuatro años de la generación Z (los nacidos en los últimos años noventa y principios de los 2000) tenga algún tipo de trastorno mental diagnosticado[11].

---

[10] https://elpais.com/tecnologia/2021-10-30/metaverso-el-mundo-virtual-donde-zuckerberg-quiere-que-compres-te-diviertas-y-trabajes.html

[11] El estudio fue realizado por la empresa de gestión de datos Harmony Healthcare IT con jóvenes estadounidenses y publicado en septiembre de 2022. El trastorno más diagnosticado fue el de ansiedad (90 %), seguido por la depresión (78 %) y el trastorno por déficit de atención con hiperactividad (27 %). También se detectó el trastorno por estrés postraumático (20 %), el trastorno obsesivo-compulsivo (17 %) y trastornos alimenticios (14 %), entre otros. Casi tres de cada cuatro per-

En septiembre de 2021, una antigua empleada de Facebook, Frances Haugen, denunció que se «engaña repetidamente» al público y a los Gobiernos sobre los efectos tóxicos de sus plataformas. «Casi nadie fuera sabe lo que pasa dentro», dijo tras filtrar a *The Washington Street Journal* una ingente cantidad de documentación interna —los «Archivos Facebook»[12]— para demostrar esta amoralidad, que denominó «verdad devastadora». «Los documentos que he proporcionado al Congreso prueban que Facebook ha engañado al público de forma repetida acerca de lo que su propia investigación revela de la seguridad de los niños, la eficacia de su inteligencia artificial y su papel para expandir mensajes divisorios y extremistas», concluía Haugen.

Estos documentos demuestran que Facebook, mientras censura y oculta innumerables publicaciones, dispone de un programa que protege a millones de usuarios VIP que publican material de acoso e incitación a la violencia. El programa se llama «verificación cruzada» o XCheck. Zuckerberg nos mintió porque aseguró que todos los usuarios tienen la misma libertad que las élites de la política, la cultura y el periodismo para hablar y decir lo que quieran, y que sus estándares se aplican a todo el mundo por igual. Pero no es cierto: privilegia a unos y sanciona a otros.

---

sonas que pertenecen a esa generación asegura que la pandemia de la Covid-19 ha afectado negativamente a su salud mental, mientras que el 31 % califica su salud mental general en 2022 como mala.

[12] https://www.wsj.com/articles/the-facebook-files-11631713039?mod=article_inline

Zuckerberg miente porque dijo que Instagram es un lugar más amable y *friendly* si se compara con otras aplicaciones, mientras que sus empleados han demostrado que es la plataforma más perjudicial, sobre todo para los adolescentes. Su creador nunca hizo nada por avisar o advertir de los riesgos; por el contrario, «la empresa lleva años trabajando para atraer preadolescentes. ¿Por qué nos preocupamos por los preadolescentes? Son una audiencia valiosa, pero sin explotar», se lee en un documento interno filtrado de 2020.

Zuckerberg miente cuando dice que buscará soluciones. Los investigadores descubrieron que uno de cada ocho usuarios realiza un uso compulsivo de las redes sociales que afecta a su sueño, a su trabajo, a la crianza de los hijos o a sus relaciones personales, y los usuarios perciben que, en concreto, en Facebook las cosas son aún peores.

Zuckerberg miente porque, tal y como demuestran los documentos internos de la red social, sus empleados vienen alertando desde hace años sobre su uso en los países en desarrollo, donde la plataforma está en expansión. Los traficantes de personas en Oriente Medio utilizan Facebook para conducir a las mujeres a situaciones laborales abusivas, mientras diversos grupos armados en algunos países de África se sirven de la plataforma para promover la violencia contra las minorías étnicas. Numerosos empleados enviaron alertas a sus jefes sobre tráfico de órganos, pornografía y acciones gubernamentales contra la disidencia política, y señalan que la respuesta de la empresa fue casi siempre inadecuada o nula.

Zuckerberg miente cuando defiende la libertad de expresión y la neutralidad de la empresa, porque toma decisiones políticas para expulsar a grupos y a partidos que considera «dañinos». Zuckerberg siempre ha estado del lado de los demócratas estadounidenses, y, como revela un estudio reciente, la mayor parte de sus donaciones han ido dirigidas a esta formación[13].

Sí, Zuckerberg miente; lo ha estado haciendo desde hace años. ¿Acaso esperábamos algo distinto del Príncipe de la Mentira? Ahora comienza a darse de bruces contra la realidad. Tarde o temprano las mentiras pasan factura. Los inversores ya no creen en su proyecto y las acciones de Meta se han desplomado más de un 70 %. Incluso su primer creyente, Peter Thiel, ha abandonado la junta directiva para centrarse en las próximas elecciones presidenciales en Estados Unidos, en las que apuesta por los republicanos de Donald Trump. Un duro golpe para el joven iluminado que siempre ha estado de parte de los demócratas y que incluso se encargó de las campañas presidenciales en redes de Barack Obama.

Por si fuera poco, el número de usuarios activos de Facebook se ha estancado en los 1.900 millones y muchos de los anunciantes han huido. Los ingresos netos se redujeron a la mitad en 2021 y en el otoño de 2022 Zuckerberg anunció el despido de más de 11.000 trabajadores de Facebook (Meta), Instagram y WhatsApp (el 13 % del personal en plantilla). Los trabajadores se enteraron de que habían sido despedidos cuando, al levantarse por la mañana, abrieron sus correos electrónicos. Pero, fiel a su estilo, Zuckerberg se preocupó de

---

[13] https://www.vox.com/2018/10/31/18039528/tech-employees-politics-liberal-employers-candidates

su imagen pública y lo que no fue capaz de decirles a la cara lo dijo a la prensa: «Siento haberos fallado». El caso es que más de 11.000 trabajadores han sido expulsados del paraíso[14].

«Me equivoqué con la pandemia», reconoció Zuckerberg en noviembre de 2022. Para él, los meses de encierro y de confinamiento de la población a causa de la Covid-19 supusieron un periodo dorado y pensó que duraría para siempre. «No solo el comercio *on-line* ha vuelto a las tendencias anteriores, sino que la recesión macroeconómica, el aumento de la competencia y la pérdida de anunciantes han hecho que nuestros ingresos sean mucho más bajos de lo que esperaba. Me equivoqué, y asumo la responsabilidad por ello», dijo en una carta dirigida a sus empleados y publicada en diferentes medios de comunicación[15]. La caída del Ángel de la Luz está siendo épica y el enfado de los accionistas es colosal. Parece que mentir ya no le resulta tan divertido.

No, las cosas no le van bien: la pérdida del valor de Meta ha sido espectacular, los principales inversores están abandonando su universo y las pérdidas trimestrales se cuentan por miles de millones de dólares. Ahora toca reducir costes y, entre otras soluciones, Zuckerberg apunta a reducir la «huella inmobiliaria, haciendo que varias personas compartan un mismo despacho o una mesa de trabajo. Es de locos. Ya ni siquiera tendremos un espacio físico en el que trabajar porque ¡hay que combatir la huella inmobiliaria! No veo que los grandes

[14] https://www.businessinsider.es/despidos-facebook-11000-empleados-afectaran-mayoria-departamentos-metaverso-1153305

[15] Ibíd.

inversores tengan en cuenta este precepto, pues sus últimas adquisiciones en el sector inmobiliario están siendo descomunales: compraron cadenas hoteleras a precio saldo después de frenar la economía mundial por una gripe.

Está claro que Zuckerberg se ha equivocado en su estrategia y que su multimillonaria inversión en la construcción del metaverso no ha tenido los resultados esperados. Y es que la realidad es terca y los humanos no estamos para jugar a ser lo que no somos cuando nos acecha una crisis económica tras otra. Tal vez si viviéramos más relajados terminaríamos «enganchados» a su religión, aunque el universo que pretende crear se aleja de lo humano de tal manera que está condenado al fracaso. Para Álex Rayón, vicerrector de Relaciones Internacionales y Transformación Digital de la Universidad de Deusto, «Meta se ha adelantado en el tiempo y ha proyectado algo que todavía no está naturalizado ni facilitado tecnológicamente. Es una tecnología cara y contrató a muchísima gente, pensando que esto lo iba a poder monetizar muy rápido, pero se ha dado cuenta de que la gente realmente no lo está usando»[16].

Después de invertir miles de millones de dólares para crear su universo distópico, la fiesta de Zuckerberg se está transformando en pesadilla y su brillante imagen se disipa poco a poco y es absorbida por la oscuridad. Se está quedando sin creyentes y ya no tiene quien le adore.

---

[16] https://www.rtve.es/noticias/20221113/mundo-virtual-metaverso-acorrala-zuckerberg-realidad-dudas-meta/2408603.shtml

El universo natural vence al ciberinfierno

El infierno está vacío. Los demonios están aquí.

William Shakespeare

En las dos primeras décadas del siglo xxi, Mark Zuckerberg se convirtió en un ídolo de masas al que todos admiraban y rendían pleitesía. Era el nuevo Ángel de la Luz, el creador de la red social más importante del planeta, que conectaba a personas de todas partes que ingenuamente se creían dueñas de su voz, de su imagen y de sus pensamientos, mientras otros los manipulaban y hacían negocio con sus datos. Pero nadie lo sabía entonces y los jóvenes lo idolatraban y aspiraban a ser como él: un chico listo de clase media que creó un nuevo cosmos y que se hizo multimillonario. Pero ¿su creación mejoró el mundo en el que vivíamos? En un acto de seguidismo aterrador, en buena parte de las personas se instaló la idea de que, *si no estás* en Facebook y no recibes tantos «me gusta» al día, *no existes.*

Pronto se vio que la censura actuaba sin contemplaciones, que no todo estaba permitido, que la manipulación de los mensajes respondía a intereses privados y espurios, que la red social servía para que determinados candidatos salieran victoriosos en unas elecciones y se produjera un cambio de Gobierno, o para promover golpes de Estado mediante manifestaciones populares aparentemente espontáneas. Pero, lentamente, la verdadera luz fue llegando y, al iluminar las tinieblas, nos permitió ver que el fraude y la mentira campaban a sus anchas entre grupos de opinión e incluso entre usuarios particulares.

Cuando un dios pierde su credibilidad, le resulta muy difícil remontar.

Durante más de dos décadas, este Lucifer posmoderno ha rivalizado con Dios ofreciéndonos un nuevo paraíso mediante el control de las tres redes sociales más importantes del momento y, posteriormente, la construcción del metaverso. Sin embargo, el revés ha sido monumental: tan solo el 9 % de los mundos virtuales que el metaverso ya ha creado llega a tener cincuenta usuarios, y la mayoría ni siquiera son visitados[17]. Nadie desea vivir en una realidad virtual concebida por un imitador de Dios. Parece increíble, pero en plena era de las apariencias el universo natural está venciendo al ciberinfierno.

En febrero de 2022, Mark Zuckerberg ya no era el accionista principal de Meta, sino que había descendido hasta la tercera posición. La empresa de inversiones Mariner LLC tenía más del 25 % del total del accionariado, seguida de BlackRock (hablaremos de esta compañía en el capítulo 6), con un 13,84 %[18]. Ese mismo mes, Zuckerberg admitió que Meta había perdido terreno frente a Tik Tok, lo que produjo una caída del 26 % en el precio de las acciones, haciendo desaparecer 323.000 millones de dólares de valor de mercado. Zuckerberg nunca se imaginó que su imperio se vendría abajo en apenas un año. Y menos aún con las cifras que obtuvo en 2021, cuando Facebook alcanzó una capitalización de

---

[17] https://cincodias.elpais.com/cincodias/2022/10/28/companias/1666981149_168789.html

[18] https://es.statista.com/estadisticas/1129899/principales-accionistas-de-facebook-a-nivel-mundial/

más de un billón de dólares y Meta se convirtió en el grupo más selecto del Olimpo, junto a Apple, Microsoft y Amazon. A finales de 2022, la compañía continuó su particular descalabro y dejó de estar en el *ranking* de las veinte empresas estadounidenses mejor valoradas. Su capitalización llega a los 270.000 millones de dólares, algo más que Pfizer y Coca-Cola, pero lejos de los grandes gigantes[19].

Parece que todo se vuelve en su contra. Incluso Henry Kissinger, el controvertido secretario de Estado estadounidense en las administraciones de Nixon y Ford —que invitó a Zuckerberg a las reuniones del Club Bilderberg—, advierte de que la humanidad no está preparada para vivir en un mundo dominado por la Inteligencia Artificial (IA) y basado en algoritmos: «Al dominar ciertas competencias de forma más rápida y eficiente que los humanos, [la inteligencia artificial] podría, con el tiempo, disminuir la propia habilidad humana al reducirla a información. [...] Filosófica e intelectualmente, la sociedad humana no está preparada para el surgimiento de la Inteligencia Artificial». Si el metaverso de Lucifer llega a imponerse, la próxima pandemia mundial será la de la irrealidad, de lo ficticio, lo engañoso, lo falso; es decir, de la mentira más profunda y absoluta.

¿Está la sociedad humana preparada para algo así? Los peligros son numerosos y muy serios. Según Kissinger, algunos de los más importantes se relacionan con la paz, porque, si se produce una carrera por ver quién dispone de más y

[19] https://as.com/actualidad/mark-zuckerberg-pierde-100000-millones-en-un-ano-n/

mejores armas autónomas (dotadas de Inteligencia Artificial), estas serán mucho «más difíciles de controlar que las armas nucleares»[20]. Esta carrera comenzó hace tiempo y la va ganado China, cuya investigación en IA sobresale muy por encima de la de Estados Unidos[21]. Las tecnologías basadas en la Inteligencia Artificial no solo amenazan con trastocar nuestras mentes, sino la geopolítica del futuro.

Por más que el joven Ángel de la Luz nos venda su creación como si de un videojuego se tratara, la realidad es mucho más compleja. La humanidad lleva miles de años sobre la Tierra, construyendo civilizaciones y alianzas, transmitiendo conocimientos, valores e ideas, y peleando por el control de un territorio y de sus recursos naturales. Monopolizar el control de una tecnología como la que estamos analizando no es un juego divertido, sino un arma de destrucción y explotación. Dejar la geopolítica mundial en manos de estos «chavales» de Silicon Valley —expertos en algoritmos, redes sociales y videojuegos— es, sin duda, un riesgo demasiado alto si queremos que la vida sobre este planeta siga adelante.

En 2017, cuando tenía treinta y tres años, Zuckerberg se convirtió en el orador más joven de la historia de la Universidad de Harvard. Durante la ceremonia de graduación de los alumnos de esa promoción, dijo lo siguiente:

---

[20] https://www.xataka.com/inteligencia-artificial/henry-kissinger-advierte-que-controlar-uso-armas-inteligentes-sera-complicado-que-nucleares

[21] https://www.fundacionbankinter.org/noticias/nuevos-jugadores-con-grandes-innovaciones-en-inteligencia-artificial

> ¿Y si *curamos todas las enfermedades* y pedimos voluntarios para rastrear su historial clínico y compartir su genoma? Hoy en día gastamos cincuenta veces más en tratar a los enfermos que en buscar curas para que la gente no enferme. No tiene sentido. ¡Podemos solucionarlo!

O sea, que también pretende acabar con las enfermedades humanas. En su caso, esta pretensión resulta paradójica, puesto que, según la tradición cristiana, la muerte y las enfermedades llegaron al mundo *gracias* a Lucifer. Y ahora, en el siglo XXI, pretende hacerlas desaparecer. ¡Qué giro de guion! ¿O acaso está ansioso por redimir su pasado? ¿Quizá su soberbia le ha hecho olvidar que él también es mortal y que no podrá llevarse su fortuna al otro mundo? El can Cerbero es insobornable y, como todos, él tendrá que pasar por el juicio del alma. No creo que ese instante le resulte tan divertido como manipular y subyugar a los humanos empujándolos al abismo de sus creaciones.

Pero, antes de que llegue ese momento, permanezcamos alertas. A Lucifer aún le queda un día de creación. O tal vez más, porque al séptimo día Dios descansó, pero el Ángel de la Luz no descansa jamás. Eso sí, desde aquí le recomiendo que no se confíe, porque no todo el mundo está dispuesto a vender su alma al diablo.

5
Mohammed bin Salmán
Ahora todos le dan la mano

> Ningún hombre es tan tonto como para desear la guerra y no la paz;
> pues en la paz los hijos llevan a sus padres a la tumba y en
> la guerra son los padres quienes llevan a sus hijos a la tumba.
>
> Heródoto

Según la mitología griega, Ares, el dios olímpico de la guerra, era hijo de Zeus y de Hera, famosa por su naturaleza violenta y vengativa, principalmente contra las amantes y la descendencia de Zeus, pero también contra los mortales que tenían la desgracia de cruzarse en su camino. Su hijo Ares, que heredó de su madre ese carácter sanguinario, representaba la brutalidad y los horrores de las batallas, y aunque se le identificaba como dios de la guerra, no siempre salió victorioso en los combates. De hecho, resultó herido varias veces, sobre todo en sus enfrentamientos con su hermana Atenea, divinidad también guerrera, patrona de la estrategia y la sabiduría.

Ya de pequeño Ares mostraba un carácter indomable y caprichoso que fue en aumento según fue haciéndose mayor. Los demás dioses del Olimpo recelaban y sospechaban de él por su personalidad irascible y su falta de lealtad, rasgo que demostró durante la guerra de Troya, en la que acabó peleando en los dos bandos. Algunos aseguran que el principal objetivo de Ares era cambiar el curso de las batallas cuando estas parecían tener un claro vencedor, pero yo me inclino a pensar que era su naturaleza cruel y revanchista la que le llevaba a hacer que los conflictos se prolongaran, pues solo así podía demostrar su poder y su influencia, y solo así su presencia se volvía imprescindible.

A estas alturas, estoy segura de que a mis lectores esta forma de actuar les resultará familiar. ¿No es precisamente este afán de notoriedad, influencia y poder el que en última instancia caracteriza a los actuales dueños del planeta?

Nombre completo: Mohammed bin Salmán
Nacimiento: 31 de agosto de 1985, Yeda (Arabia Saudita)
Nacionalidad: saudita
Estudios: Universidad Rey Saúd (Derecho)
Ocupación: político, militar, diplomático y príncipe heredero de Arabia Saudita
Empresas relacionadas: Aramco, Master Gas System, SABIC, Newcastle, F. C.
Patrimonio estimado: 350.000 millones de dólares (según *LibertadDigital,* diciembre de 2022)

¿Un *millenial* con visión de futuro?

Mohammed bin Salmán (conocido como MBS), el príncipe heredero del Reino de Arabia Saudita, nació en la ciudad de Yeda (provincia de La Meca) en 1985. Es hijo del rey Salmán bin Abdulaziz y de su tercera esposa, Fahda bint Falah bin Sultán, y a sus treinta y siete años —le ha dado tiempo a tener cinco hijos— es uno de los hombres más ricos y poderosos del mundo, con una fortuna estimada en torno a los 350.000 millones de euros. En mi opinión, esas estimaciones se quedan cortas.

Muchos analistas internacionales lo consideran el autor intelectual de la beligerante política del reino saudita desde que, en 2015, su padre, el rey Salmán, llegó al trono. Se dice que es el verdadero poder en la sombra y el responsable del diseño de la mayoría de los objetivos del nuevo Gobierno saudita. Según fuentes oficiales, uno de ellos es crear una alianza militar islámica antiterrorista, para lo cual MBS desató en 2017 la guerra en el seno de los países del Consejo de Cooperación del Golfo. Arabia Saudita, Baréin y Emiratos Árabes Unidos, junto a Egipto, rompieron las relaciones diplomáticas con Catar y bloquearon los espacios aéreo, terrestre y marítimo tras acusar al Gobierno catarí de «promocionar, respaldar y financiar a los grupos islamistas extremistas»[1]. Además, en 2015 MBS inició una brutal guerra contra Yemen, secuestró al primer ministro libanés (2017) y, como veremos, en 2018 ordenó el asesinato del periodista Jamal Khashoggi, un suceso que provocó la indignación de la opinión pública internacional.

Desde que su padre lo nombró príncipe heredero (el 21 de junio de 2017) —para lo cual destituyó a su sobrino, el príncipe Mohammed bin Nayeff Abdulaziz—, MBS desempeña varios cargos políticos clave: preside el Consejo de Asuntos Económicos y de Desarrollo, el Consejo de Asuntos Políticos y de Seguridad, es ministro de Defensa y, desde 2022, primer ministro *de facto* de Arabia Saudita. En otras palabras: lo controla todo. Además, maneja directamente el Fondo de Inversión Pública Saudita y la petrolera Aramco (acrónimo de Saudi Arabian Oil Company), considerada la mayor del mundo tanto por sus beneficios como por su capitalización bursátil[2].

Actualmente, la multinacional produce el 10 % del petróleo mundial y es al mismo tiempo la propietaria de la mayor red de hidrocarburos del planeta, Master Gas System; posee

---

[1] https://www.bbc.com/mundo/noticias-internacional-40191520

[2] https://www.expansion.com/empresas/2020/01/05/5e0f431be5fdea8a168b45bb.html

el 69 % de la compañía SABIC, uno de los principales fabricantes de productos químicos, fertilizantes, plásticos y metales, y sus ganancias superan el PIB de más de la mitad de los países del mundo[3]. En 2015, Aramco refinaba 5,4 millones de barriles diarios de petróleo, producía 12.000 millones de pies cúbicos de gas al día y, según afirmó su director ejecutivo, Amin Nasser, el plan de la compañía era duplicar ambas cifras en diez años. En 2018, las agencias de calificación Fitch y Moody's catalogaron a Aramco como la empresa más rentable del planeta, por delante incluso de la estadounidense Apple, generando unos ingresos de 355.900 millones de dólares[4]. En 2022 seguía manteniendo su posición como la empresa más valiosa del mercado mundial (con 2.383 billones de capitalización frente a los 2.307 billones de Apple)[5].

El crecimiento de la compañía en los dos últimos años ha sido espectacular, sobre todo por los altos precios del petróleo, que hicieron que los beneficios en 2021 fueran un 124 % más que el año anterior. En 2022 aumentaron otro 39 %, principalmente por las «inteligentes» sanciones de Estados Unidos y sus socios europeos contra los productos rusos a raíz de la guerra de Ucrania.

Como veremos, con semejante «juguete» en las manos, no es de extrañar que MBS marque los designios del mundo en

---

[3] https://www.bbc.com/mundo/noticias-62555969

[4] https://www.elmundo.es/economia/empresas/2019/04/01/5ca-24766fdddff9a2e8b4645.html

[5] https://www.wsj.com/articles/apple-is-no-longer-worlds-most-valuable-company-11652373781?page=1

más de un sentido, sobre todo cuando se avecina o se desencadena un conflicto. Pero sigamos con su biografía, porque no tiene desperdicio.

El príncipe saudita realizó sus estudios de primaria en la ciudad de Riad, destacando entre los diez mejores estudiantes del reino. Luego se graduó en Derecho por la Universidad King Saud, también en la capital —tuvo que conformarse con ser el segundo mejor de su promoción—, tras lo cual fundó varias empresas en el sector privado. Suponemos que quería conocer de cerca cómo se las gastan los buitres del mercado antes de convertirse en el más hábil de todos ellos.

En 2007 —tenía veintidós años— fue nombrado asesor del Consejo de Ministros. Dos años después era el asesor especial de su padre, el rey Salmán, que inmediatamente lo nombró ministro de Defensa, presidente del Consejo de Asuntos Económicos y de Desarrollo y secretario principal de la Corte Real[6]. En 2015, coincidiendo con la aprobación en la ONU de la «Agenda 2030», MBS anunció su proyecto, llamado «Visión 2030», para reorientar la política estratégica y economía de Arabia Saudita en los próximos quince años. En el plan se detallan diversas medidas para obtener ingresos no petroleros, que van desde la «privatización de la economía hasta el gobierno electrónico y el desarrollo sostenible». Bin Salmán sabe que el talón de Aquiles del reino es su economía uniforme (el 80 % de sus ingresos corresponde a exportaciones petroleras), por lo que ha decidido diversificar y, como veremos, apostar por el ocio, el consumo y el turismo de lujo.

---

[6] Ibíd.

Mohammed bin Salmán es consciente de que, en la era de la posglobalización, un país que aspire a ser un actor geopolítico relevante no puede poner todos los huevos en la misma cesta. No hay más que darse una vuelta por los titulares de la prensa económica para ver cuáles son sus intenciones: «El fondo de riqueza soberana está invirtiendo cantidades de capital sin precedentes para diversificar la economía del reino»; «El Fondo de Inversión Pública de Arabia Saudita recauda un préstamo de 17.000 millones de dólares de bancos internacionales»; «Arabia Saudita mueve 80 billones de dólares en acciones desde Aramco a Wealth Fund. Una transferencia que forma parte de un plan para aumentar los activos bajo administración del Fondo de Inversión Pública a más de un trillón de dólares para 2025 y ayudar a diversificar la economía dependiente del petróleo del reino»[7].

Pero, además, MBS sabe que no hay poderoso que se gane el favor del pueblo —cuya devoción necesita para perpetuarse en el poder— sin un eficaz programa de «pan y circo». Es la estrategia de todas las tiranías desde que el mundo es mundo. Al mismo tiempo que le hace la guerra a rivales, opositores y enemigos, necesita el amor del pueblo, al que convierte en un ejército fiel —por algo MBS también es ministro de Defensa del reino— siempre dispuesto a defender

[7] Saudi Arabia's Public Investment Fund Raises $17 Billion Loan from International Banks - WSJ y https://www.wsj.com/articles/saudi-arabia-transfers-aramco-shares-worth-80-billion-to-wealth-fund-11644741068

a su líder en caso de que su poder se vea amenazado. Un plan brillante, ¿no es cierto?

Por todo ello, el príncipe saudita estableció la «Autoridad de Entretenimiento» con el fin de promover las actividades lúdicas de jóvenes y familias[8]. Uno de los primeros proyectos que esta *autoridad* anunció fue la construcción de la ciudad de Qiddiya, un gigantesco complejo —334 kilómetros cuadrados— situado a las afueras de Riad y dedicado al entretenimiento: incluirá parques de atracciones y acuáticos, e instalaciones para «fomentar el arte y la cultura» y, sobre todo, el deporte, con un estadio de fútbol, un campo de golf y varias piscinas olímpicas[9].

Pero la cosa no acaba ahí. En el otoño de 2022 se dio a conocer otro de los proyectos estrella de MBS. Se trata de «The Line», una ciudad futurista —tendrá menos de 200 metros (¡sí, metros!) de ancho y 170 kilómetros de largo— que se está construyendo en una de las zonas más áridas del planeta, en el noroeste de Arabia Saudita, entre los montes de Tabuk y el mar Rojo. Un tren de alta velocidad unirá los límites de la metrópolis en veinte minutos, mientras que el diseño de la ciudad —del que se encarga NEOM, empresa propiedad de Bin Salmán—, con sus muros de vidrio de 500 metros, proporcionará un clima ideal durante todo el año. En su interior podrán vivir hasta nueve millones y medio

[8] https://cincodias.elpais.com/cincodias/2017/11/10/companias/1510325235_720422.html

[9] https://www.revistaerrante.com/viaja/arabia-saudi-el-gran-desconocido

de personas[10]. No habrá ni carreteras, ni calles, ni automóviles y, según el anuncio oficial de Prensa Saudita (SPA), «funcionará con energía cien por cien renovable y priorizará la salud y el bienestar de las personas sobre el transporte y las infraestructuras». El objetivo es que la ciudad esté operativa en 2030 y los impulsores del proyecto —es decir, MBS— han lanzado el anuncio por todo el mundo para atraer fondos con los que construir esta nueva urbe tan futurista como distópica.

Tan solo un dato más: The Line estará cubierta por millones de espejos solo visibles desde el exterior y en su interior podremos encontrar desde un estadio de fútbol hasta un puerto deportivo en el mar Rojo, pasando, por supuesto, por un aeropuerto de conexión con el resto del país[11]. Y todo eso, repito, en uno de los desiertos más áridos del planeta… ¿Alguien da más? Es una exhibición de poder absoluto. Como los faraones antiguos que se construían pirámides, MBS se eleva sobre los mortales para clamar ante el mundo: «¡Miradme, yo tengo una ciudad y vosotros no!». Ante semejante despliegue de poder y ostentación, no es de extrañar que a Bin Salmán *ahora todos le den la mano.*

---

[10] https://www.elconfidencial.com/mundo/2022-10-29/the-line-surrealista-ciudad-desierto-arabia-saudi_3511692/

[11] https://www.lavanguardia.com/tecnologia/20220728/8435182/asi-the-line-ciudad-futuro-coches-calles-esta-construyendo-arabia-saudi-pmv.html

Desde que asumió el poder *de facto,* Mohammed bin Salmán no ha cesado de detener y encarcelar a miembros de la numerosa familia real saudita. ¿El objetivo? Consolidarse como el hombre más influyente del reino neutralizando a todos aquellos que de una forma u otra pudieran obstaculizar su camino hacia el trono cuando su padre, el rey Salmán, fallezca o abdique.

El caso es que con MBS finalizó el sistema de liderazgo que había asegurado el poder a la casa de Saúd durante ochenta y seis años. Dicho sistema se basaba en un pacto tácito en el seno de la familia: el trono pasaba de un hijo del rey Abdulaziz (fundador del Estado) al siguiente obedeciendo a un criterio de edad. Sin embargo, en enero de 2015 el rey Salmán rompió con esta tradición al desplazar a dos príncipes —Muqrin bin Abdulaziz y Mohammed bin Nayef— para instalar en el poder a su hijo favorito, Mohammed bin Salmán, quien, como estamos viendo, nació para ganar y, por lo que parece, ni nada ni nadie se atreve a hacerle sombra.

En noviembre de 2017, el príncipe heredero dio la orden de detener a su tío y príncipe Alwaleed bin Talal, de sesenta y tres años y uno de los hombres más ricos de Arabia Saudita: se calcula que, en el momento de su apresamiento, su fortuna rondaba los 19.000 millones de dólares. Bin Talal era uno de los rostros más conocidos de la familia real, un *bon vivant* que sobre todo se dedicaba a las inversiones financieras en empresas punteras, como Apple, Twitter o Citigroup. Aunque a día de hoy es el segundo mayor accionista de Twitter (solo por detrás de Elon Musk), su poder menguó considerablemente desde que fue arrestado en el marco de una operación anticorrupción ordenada por MBS. De hecho, se vio obligado a entregar la mayor parte de su fortuna al Estado saudita —o sea, a MBS— y no puede abandonar el país sin permiso expreso del príncipe heredero.

En la misma operación anticorrupción fue arrestado otro príncipe saudita y pariente de MBS. Hablamos de Mutail bin Abdalá, exministro de la Guardia Nacional del reino (de 2013 a 2017), que fue acusado de malversación de fondos, contratación de empleados fantasma y adjudicación de contratos a sus propias empresas. Pasó casi un mes en prisión, pero salió tras llegar a un «acuerdo aceptable» con las autoridades por más de 1.000 millones de dólares.

Tres años después, MBS ordenó el arresto de su tío, el príncipe Ahmed bin Abdelaziz, de setenta y ocho años y hermano pequeño del actual rey Salmán. Es uno de los pocos miembros de la familia real que, en 2018 y tras sufrir un «escrache», osó formular una crítica a Bin Salmán. El príncipe Ahmed se sumó a los manifestantes congregados a la puerta de su mansión londinense y les dijo que no toda la familia real saudita tenía «que ver con lo que está sucediendo», en referencia a la guerra de Yemen. Añadió que los responsables eran «algunos dirigentes» y, cuando le preguntaron a quién se refería, no albergó dudas: «El rey y el príncipe heredero»[12]. El 7 de marzo de 2020 fue arrestado y acusado de conspirar para derrocar al rey Salmán. Su hijo, el príncipe Nayef bin Ahmed,

---

[12] https://www.elmundo.es/loc/casa-real/2018/09/08/5b9259aa-22601dad528b469e.html

que ocupaba el cargo de jefe de Inteligencia y Seguridad de las Fuerzas Terrestres, también fue detenido el mismo día.

A MBS no le duelen prendas cuando se trata de «limpiar» su reino de posibles amenazas, ni siquiera si estas vienen de su propia madre, la princesa Fahda bint Falah bin Sultán, que lleva retenida cinco años en un palacete por orden de su hijo[13]. Al parecer, la mujer no veía con buenos ojos la tremenda ambición de su vástago y tuvo el valor de hacérselo saber. Asimismo, el príncipe Turki, hijo del anterior rey Abdalá y, durante años, gobernador de la provincia más importante del país, está detenido desde 2018, sin que nadie sepa dónde ni por qué.

El enemigo público número uno

Mientras MBS desataba su guerra en el seno de su propia familia, los líderes de Occidente —y su aparato mediático propagandístico— permanecían en silencio. Arabia Saudita era el aliado económico-político más importante de Estados Unidos en la región, por lo que le dejaban hacer sin molestarlo.

Todo cambió cuando se produjo el asesinato del periodista Jamal Khashoggi, de sesenta años, en el interior del consulado de Arabia Saudita en Estambul, a donde fue recoger sus papeles para contraer matrimonio con su prometida, Hatice Cengiz, de origen turco. Pero el periodista nunca salió de aquel

---

[13] https://www.elmundo.es/loc/2018/07/08/5b33c0aae2704e76388b464f.html

edificio y ella no volvió a verlo jamás. Su desaparición adquirió rápidamente una dimensión internacional. ¿Hasta dónde pensaba llegar el líder saudita? El asesinato se había cometido más allá de las fronteras del reino y la víctima era un colaborador de uno de los principales batallones del poder estadounidense: *The Washington Post.* Esa era una línea roja y MBS había osado traspasarla, por lo que era necesario hacerle entender quién mandaba en aquel momento en el mundo. Los «cañones» mediáticos dispersaron por todo el planeta la imagen de un MBS malévolo, justiciero y sin alma. Un auténtico diablo. La prensa occidental se volcó en el «caso de Khashoggi» y se nos informó al milímetro de todos los detalles, incluso los más morbosos, como que el periodista había sido torturado y descuartizado vivo a manos de un escuadrón de la muerte saudí que actuaba en nombre del Gobierno.

Mientras MBS se transfiguraba en el hombre más sanguinario de la humanidad, Khashoggi se convertía en un «héroe», en un mártir de la lucha por la libertad de expresión: su horrible muerte demostraba al mundo que, en Arabia Saudita, tener una opinión contraria al Gobierno era un crimen. Desde el primer momento, la CIA apuntó a MBS como autor «intelectual» del asesinato. Hasta la ONU se involucró en el asunto para investigar al príncipe y aseguró que, de las quince personas relacionadas con la muerte del periodista, ocho de ellas llegaron en un *jet* privado con autorización gubernamental y dos tenían pasaporte diplomático[14]. Durante varios meses,

[14] https://www.vozpopuli.com/altavoz/khashoggi-documental-inedito.html

todos los informativos abrían con la noticia del asesinato, se realizaron numerosos reportajes de investigación y se escribieron cientos de columnas de opinión. Todos los géneros del periodismo occidental se pusieron al servicio de la guerra de las élites globalistas contra el tirano.

Sin embargo, para entender el caso es necesario ir un poco más atrás en el tiempo. Fue a raíz de las llamadas «primaveras árabes», cuando Jamal Khashoggi se convirtió en un personaje más que incómodo para el régimen saudita y, en concreto, para MBS, a quien debían de revolvérsele las tripas cada vez que el periodista alzaba la voz para pedir más democracia y menos represión contra los disidentes. «Fue doloroso, para mí, hace varios años cuando bastantes amigos fueron arrestados. No dije nada. No quería perder mi trabajo, ni mi libertad. Me preocupaba mi familia. Pero ahora he hecho una elección diferente, he dejado mi casa, mi familia, mi trabajo y alzo la voz. Hacer lo contrario sería traicionar a aquellos que languidecen en prisión», escribió Khashoggi en un artículo publicado en *The Washington Post.* En su país pasaron a considerarlo un traidor —no podemos dejar de tener en cuenta un detalle importante, y es que el periodista había trabajado durante más de tres décadas para el Gobierno— y empezó a recibir ataques y amenazas diarias en las redes sociales[15], tal y como se expone en el documental *El disidente* (2020)[16].

---

[15] Ibíd.

[16] *El disidente,* dirigido por Bryan Fogel, se estrenó en el Festival de Cine de Sundance el 24 de enero de 2020.

La maquinaria bélica de las élites globalistas convenció a gran parte de la opinión pública de que MBS había ordenado torturar y asesinar al periodista, y así lo expusieron en sus informes varios senadores estadounidenses. Tan solo el entonces presidente Donald Trump albergó algunas dudas, al menos en público. Pero lo cierto es que los ojos no entrenados en este tipo de guerras entre poderosos globales no supieron ver que la muerte de Jamal Khashoggi era en realidad un mensaje dirigido a las élites occidentales para que se lo pensaran dos veces si pretendían volver a cuestionar el poder del régimen saudita.

¿Por qué hay temas que desaparecen del espacio mediático de un día para otro y que se retoman dos años después, cuando la mayoría ya los ha olvidado? ¿A quién le interesa hablar de la muerte de un periodista en mitad de una *pandemia?* ¿Quizá a los poderes fácticos en pugna global? Por desgracia, cada año mueren centenares de periodistas en el mundo, pero, por alguna razón que ya empezamos a comprender, Jamal Khashoggi era más importante que los demás. El caso es que dos años y medio después de su muerte, en febrero de 2021, la Casa Blanca publicó el informe de la inteligencia estadounidense, en el que se afirmaba que el heredero al trono Mohammed bin Salmán era, sin lugar a dudas, el responsable del crimen. «Concluimos que el príncipe heredero de Arabia Saudita, Mohammed bin Salmán, aprobó una operación en Estambul, Turquía, para capturar o matar al periodista saudita Jamal Khashoggi», se resumía en el arranque del informe.

Sin embargo, a pesar de las conclusiones de sus servicios de inteligencia, unos meses después el presidente Joe Biden decidió rehabilitar a MBS, para lo cual tuvo que tragarse sus propias palabras, ya que había asegurado que convertiría a los saudíes en «los parias que en realidad son». En julio de 2022 voló miles de kilómetros para visitar a MBS en su palacio de Yeda, con el pretexto de que consideraba que el precio a pagar por castigarle directamente sería demasiado alto y pondría en peligro la cooperación con Riad en la lucha contra el terrorismo y en la confrontación con Irán[17]. Algo similar expusieron los presidentes de Grecia y Francia, a los que Bin Salmán, en julio del año pasado, estrechó la mano durante su primera gira por el territorio de la Unión Europea desde el asesinato de Khashoggi en 2018. La justificación de la visita resulta tan falaz que causaría asombro si no fuera porque vivimos en la era de la mentira y la hipocresía: se trata de «fomentar la comunicación y las relaciones bilaterales entre el reino y los países amigos y hermanos en todos los sectores», decía el comunicado oficial saudita[18]. Estoy segura de que mis lectores saben leer entre líneas y comprenden que «todos los sectores» significa *petróleo.*

Llegados a este punto, no podemos pasar por alto la fecha tanto del viaje como de las fotos que se publicaron entre los líderes occidentales y MBS: justo cinco meses y dos días después de que Rusia anunciara el inicio de su «operación militar

---

[17] https://elpais.com/internacional/2021-02-26/el-principe-heredero-saudi-aprobo-el-asesinato-de-khashoggi-segun-el-informe-desclasificado-de-la-inteligencia-de-ee-uu.html

[18] https://www.elconfidencial.com/mundo/2022-07-26/bin-salman-visita-la-ue-por-primera-vez-desde-asesinato-de-khashoggi-en-2018_3466897/

especial para desnazificar y desmilitarizar Ucrania» (24 de febrero de 2021). Había llegado el momento de que estallara la guerra largamente anhelada por la OTAN para debilitar al Kremlin. Las provocaciones constantes habían dado sus frutos y ahora más que nunca MBS se convertía en un aliado esencial de Occidente. A fin de cuentas, las élites globalistas ya tenían diseñados los programas de sanciones contra el «nuevo tirano», Vladímir Putin, que le había arrebatado el título al saudita sin que prácticamente nadie se diera cuenta. A Rusia se le prohibió comerciar con su petróleo y su gas en la Unión Europea y en Estados Unidos, una medida que ha hecho que el antiguo villano mediático vuelva a ser una divinidad heroica.

¿El fin de los petrodólares?

Tras ser «indultado» en Europa y Estados Unidos y haber estrechado las manos nada menos que del presidente Biden y del francés Emmanuel Macron, MBS sabía que, en medio de una crisis como la que padecemos, nadie en Occidente se atrevería a cuestionar su poder. Fue entonces cuando decidió agradecer a sus «amigos» recién recuperados su encomiable «fidelidad» ofreciéndoles un regalo inesperado: la venganza. Hablamos del dios de la guerra. ¿Acaso esperaban flores y bombones?

De modo que, tras un mes de julio plagado de recibimientos triunfales, Bin Salmám se había marcado en el calendario una nueva fecha —estratégicamente calculada— para lanzar la ofensiva contra sus «aliados». En el pasado mes de octubre, dos años después del «caso Khashoggi» y a las puertas del invierno, el belicoso príncipe lideró la embestida de la OPEP, que anunció que reduciría en dos millones de barriles diarios su producción mundial de crudo justo cuando las élites globócratas más lo necesitaban: en medio de la guerra contra Rusia. La reacción del presidente estadounidense Biden fue furibunda y aseguró que el atrevimiento de MBS no quedaría sin castigo.

Pero la ofensiva —dirigida sobre todo contra Estados Unidos— tenía varios ámbitos de actuación y ni mucho se acababa con la decisión de la OPEP. Aunque el reino saudita sigue vendiendo su petróleo en dólares, ahora ha encontrado un nuevo destino en China y baraja la posibilidad de comerciar con yuanes. Esto supone una humillación para los estadounidenses, cuya moneda lleva décadas dependiendo del petróleo —los famosos petrodólares—, de su ventajoso posicionamiento en Oriente Medio y de la venta de armamento militar para mantenerse como divisa de referencia mundial. Está claro que la fructífera relación que Estados Unidos y Arabia Saudita mantenían en el pasado se está resquebrajando, una clara señal de que el mapa geopolítico mundial ya no es el que era.

Pero a MBS aún le quedaba la embestida final, que se produjo cuando, también en octubre de 2022, anunció que Arabia Saudita tenía la intención de unirse a los países que conforman el BRICS (Brasil, Rusia, India, China y Sudáfrica), el grupo llamado a protagonizar la geopolítica y la geoeconomía del nuevo orden que ya está aquí. El presidente de Sudáfrica, Cyril Ramaphosa, tuvo el honor de anunciarlo al regreso de su visita oficial al reino árabe: «Riad tiene la intención de adherirse al bloque BRICS». Dicen que la venganza se sirve en plato frío. La del belicoso MBS estaba helada. Por si fuera poco, también en el mes de octubre Arabia Saudita lanzó un ambicioso plan de inversión para atraer capitales extranjeros. El proyecto se llama «Estrategia Industrial Nacional», con el que se pretende aumentar el número de fábricas en Arabia Saudita a unas 36.000 para el año 2035[19].

En realidad, lo que estamos presenciando es el final de un proceso que comenzó hace décadas, desde que los gobernantes del reino comenzaron a nacionalizar su petróleo. La alianza entre Estados Unidos y Arabia Saudita se remonta a 1945, cuando el entonces presidente Roosevelt y el rey Abdulaziz ibn Saud —fundador de la dinastía saudita en el país— sentaron las bases de una relación estratégica por la cual Washington garantizaba la seguridad de la monarquía a cambio de que Riad asegurara al acceso de Estados Unidos a sus reservas de petróleo. Pese a los importantes puntos de desacuerdo que hubo entre los dos países en la segunda mitad del siglo XX (guerra del Yom Kipur y crisis del petróleo de los años setenta), la relación se mantuvo a flote[20], y eso pese a la amenaza que para Estados Unidos supuso la nacionalización —desde la década de los años ochenta— de la principal empresa del reino, Aramco, que, como ya dijimos, controla

---

[19] https://atalayar.com/content/mohammed-bin-salman-aspira-hacer-del-reino-un-foco-global-de-suministro

[20] https://www.descifrandolaguerra.es/que-esta-pasando-entre-estados-unidos-y-arabia-saudi/

la gestión y explotación de los campos de gas y de petróleo de Arabia Saudita. La potencia estadounidense siempre ha necesitado a los saudíes para mantenerse en la cumbre del Olimpo, y estos han sabido aprovechar las circunstancias para afianzar su dominio en la zona y, de alguna manera, «patentar» su petróleo.

Este tira y afloja constante fue beneficioso para ambos países, aunque parece que las cosas están cambiando radicalmente en los últimos años, sobre todo desde que MBS se convirtió en el líder *de facto* de Arabia Saudita. La agresiva política exterior del príncipe heredero responde a una profunda convicción: el reino no está dispuesto a aguantar más críticas de Estados Unidos y Occidente, y por más que estos amenacen con sanciones —ya sea por el «caso Khashoggi» o por la decisión de la OPEP de reducir la producción de petróleo—, lo cierto es que Arabia Saudía tiene la sartén por el mango. Más aún cuando Occidente se encuentra atado de pies y manos por la crisis energética provocada a raíz de su actual guerra contra Rusia.

En efecto, el nuevo Ares del siglo XXI tiene a su disposición los recursos necesarios para cambiar el tablero de juego mundial. El pasado mes de octubre, en un comunicado oficial, MBS se mostró contundente: «Tenemos todas las capacidades para alcanzar una economía industrial competitiva y sostenible, incluidos jóvenes talentos ambiciosos, una ubicación geográfica distinguida, ricos recursos naturales y empresas industriales nacionales líderes». Además, se ha anunciado la Iniciativa de Resiliencia de la Cadena de Suministro Global (GSCRI), que ofrece oportunidades atractivas e incentivos valorados en cerca de 3.000 millones de dólares[21]. Sí, habéis leído bien: *incentivos valorados en 3.000 millones de dólares...* Con esta jugada de guerra, Bin Salmán pretende atraer el capital chino al reino saudita. En este punto conviene recordar que Estados Unidos ha definido al gigante asiático como su principal enemigo, su mayor desafío geopolítico. El segundo lugar lo ocupa Rusia.

MBS está haciendo que el reino saudita abandone a Estados Unidos para unirse a sus dos grandes rivales y a los demás países que conforman el grupo de los BRICS, que también han recibido las solicitudes de Turquía, Argelia o Argentina. De hecho, el ministro de Relaciones Exteriores ruso, Serguéi Lavrov, declaró que «hay toda una cola de Estados que reclaman la plena adhesión [al grupo]. De ser aceptadas todas las solicitudes, los cinco [Brasil, Rusia, la India, China, Sudáfrica] se convertirán en entre quince y diecisiete países»[22]. Lo cierto es que en el grupo de las «economías emergentes» se concentra el 40 % de la población mundial, y Estados Unidos tiembla ante la posibilidad de que siga creciendo, sobre todo por la competencia energética que esto implicaría. Si Argelia y Arabia Saudita se sumaran, el grupo acumularía el 60 % de las reservas mundiales de gas. A esto hay que añadir el desafío geopolítico, porque los BRICS defienden las soberanías nacionales frente al globalismo totalitario; es decir, están en las antípodas del orden

---

21 https://atalayar.com/content/mohammed-bin-salman-aspira-hacer-del-reino-un-foco-global-de-suministro

22 https://actualidad-rt.com/actualidad/450944-lavrov-brics-ampliacion-aceptar-todas-solicitudes

hegemónico que los centros de poder estadounidenses implantaron después de la Segunda Guerra Mundial.

Mientras todo esto sucede entre bambalinas, el batallón de Occidente contraataca mediante sus ONG de cabecera, como Amnistía Internacional o Human Rights Watch —financiadas para desprestigiar a los enemigos de las corporaciones estadounidenses—, y los medios de comunicación que actúan a su servicio, como *The Washington Post.* Por más que nos vendan las bondades de las famosas «primaveras árabes», la verdad es que estas fueron provocadas y dirigidas por la CIA y otros grupos de poder globalistas, y también nos manipularon cuando estalló el escándalo por el asesinato de Jamal Khashoggi, que sirvió para declarar como enemigo número uno al líder saudita. Así es cómo se combate en las guerras del siglo XXI, manipulando a la población y creando estados de opinión complacientes con el bando que se considera a sí mismo vencedor[23].

Un nuevo (e incómodo) actor internacional

Desde 1932, el Estado saudita ha sido una monarquía absoluta —es una de las cuatro que quedan en el mundo— y una teocracia basada en los principios de la ley islámica.

---

[23] Para ampliar conocimientos acerca de las estrategias y tácticas de la guerra contemporánea, la Tercera Guerra Mundial, vuelvo a recomendar el capítulo de mi programa Contrapunto en RT titulado «Guerra en Red: manipulación invisible»: https://actualidad-rt.com/programas/contrapunto/452023-guerras-red-manipulacion-invisible

Hablamos del único país musulmán en el que jamás se han celebrado elecciones presidenciales, no existen los partidos políticos, la homosexualidad está castigada con pena de muerte, los opositores al régimen son perseguidos, difamados y detenidos, y las mujeres siguen siendo consideradas ciudadanas de segunda. En los últimos años se han relajado bastante las medidas discriminatorias contra las mujeres, que, por ejemplo, ya no tienen que adherirse a un código estricto de vestimenta que implique ir completamente cubiertas. Aun así sigue vigente un sistema de tutela que implica que dependen del permiso y la voluntad de los hombres —en general, padres o maridos— para casarse y otras decisiones importantes. Eso sí, desde que MBS se encarga de todos los asuntos clave del reino se ha producido un gran avance: las mujeres ya pueden conducir e incluso asistir a los campos de fútbol, apartadas de los hombres, claro, pero al menos pueden ver a Messi o a Benzema en directo. Un gran consuelo.

Y ya que hablamos de fútbol… Todos sabemos que el deporte rey, más que la fe, mueve montañas. Y en Arabia Saudita las montañas son de oro. En 2021, el príncipe heredero se convirtió en el gran protagonista del fútbol europeo al adquirir el Newcastle, equipo al que pretende convertir en competidor directo de clubes como el Paris Sant-Germain o el Manchester City y en uno de los candidatos mejor situados para ganar la Premier League. Desde luego, dinero no les va a faltar y ya sabemos que lo de los derechos humanos no importa en el mundo del fútbol… Y para ver en directo los partidos de su equipo en Europa, MBS se ha gastado más de 250 millones de euros en el Chateau Louis XIV, construido en

2009, situado a las afueras de París, que cuenta con treinta habitaciones, tres piscinas, *spa,* cine, discoteca, dos viñedos y el único acuario subterráneo privado de Europa. Ya sabemos que no solo importa tener poder, sino que es necesario aparentarlo. También le compró a un magnate ruso un yate (con dos helipuertos y tres piscinas) por 500 millones de euros, e imaginamos que, en la suite principal, el príncipe heredero colgará el cuadro más caro el mundo, el *Salvator Mundi,* de Leonardo da Vinci, por el que pagó 400 millones de euros[24].

Yates de superlujo, castillos en Francia, arte renacentista, equipos de fútbol... y petróleo, mucho petróleo. Por eso ahora todos le dan la mano y le buscan como aliado, justo cuando nos encontramos en plena Tercera Guerra Mundial, en la que está en juego la creación de un nuevo orden geopolítico.

Como decíamos al comienzo del capítulo, a Ares, guerrero implacable, no le importaba tanto quién venciera en las guerras como asegurarse de que el combate continuara, pues de ese modo lograría que *todos* hincaran la rodilla ante su mera presencia y le adoraran. A Mohammed bin Salmán, con solo treinta y siete años y el mundo a sus pies, le quedan muchos combates que provocar, mantener y ganar. En esta guerra desatada entre dioses, unos desafían el *statu quo* y otros quieren mantenerse en el poder.

¿Podrá vencer Estados Unidos a semejante coloso? El país que ha liderado el mundo durante más de siete décadas ahora ve peligrar su corona. El sistema ha saltado por los aires

---

[24] https://www.marca.com/futbol/premier-league/2021/10/08/61600af3e2704efc678b474c.html

y en la escena internacional han aparecido nuevos actores que no están dispuestos a sostener el liderazgo y el arbitraje global de la potencia estadounidense. Sus gobernantes reclaman otras formas de gestionar el poder y están poniendo en jaque el tan ansiado gobierno mundial que propagaban las élites globalistas. Muchos de los países a los que, desde principios del siglo XX, Estados Unidos convirtió en vasallos son a día de hoy grandes potencias. Es el caso de Arabia Saudita, y Mohammed bin Salmán, que de tonto no tiene un pelo, está sabiendo aprovechar el momento. El dios Ares se ha reencarnado y, más pujante e impetuoso que nunca, reclama su trono. Es joven y su guerra tan solo acaba de empezar. Si los globócratas querían un conflicto, MBS se lo está dando, y sin disimulos ni maniobras ocultas. Sencillamente, no los necesita.

6
Larry Fink
El amo de las tinieblas

Fue la avaricia la que instauró la pobreza
y al ambicionarlo todo, todo lo perdió.

Séneca

En el libro del *Éxodo* se cuenta cómo los israelitas, en su camino a la Tierra Prometida desde Egipto y ante la ausencia de Moisés —que había subido al Monte Sinaí a recibir de Yahvé las Tablas de la Ley—, pidieron a Aarón (hermano de Moisés) que les construyera un ídolo para que les guiara por el desierto. Aarón entonces recogió los objetos de oro que el pueblo judío se había llevado consigo y mandó fundir un becerro, al que colocó en un altar para ser adorado. Los israelitas le ofrecieron sacrificios, lo que desató la ira de Yahvé. Moisés, cuando vio a los suyos en pleno acto de idolatría, entró en cólera, rompió las Tablas de la Ley, echó al fuego el becerro de oro, lo molió, lo esparció en el agua e hizo que todos bebieran de ella *(Ex 32: 19-20).*

En el relato bíblico, el becerro es un símbolo de poder «divino» que conduce a los hombres al sometimiento, que anula su libertad y su autonomía y los convierte en esclavos. El becerro de oro no solo representa las riquezas de la Tierra, sino la codicia y el afán de poder frente a un Dios generador de vida, de esperanza y de humanidad. Por eso Moisés se indigna y «castiga» a los israelitas cuando se los encuentra adorando a un ídolo que no es más que un símbolo de corrupción y de hipocresía, y por eso, lleno de ira, decide destruirlo.

¿Nos enseña algo el relato bíblico del *Éxodo?* Yo creo que sí, y es una lección de enorme importancia en una época en la que vemos cómo la búsqueda de la Verdad ha sido sustituida por la adoración de un sinfín de ídolos que marcan la dirección del mundo. Como veremos a continuación, el más grande de todos se llama dinero, y está protegido por un sumo sacerdote, Larry Fink, presidente y director ejecutivo de BlackRock, la compañía que gestiona la mayor cantidad de activos financieros del planeta.

NOMBRE COMPLETO: Laurence Douglas Fink
NACIMIENTO: 2 de noviembre de 1952, Los Ángeles (Estados Unidos)
NACIONALIDAD: estadounidense
ESTUDIOS: UCLA (California): Ciencias Políticas y Economía
OCUPACIÓN: empresario y financiero. CEO de BlackRock
EMPRESAS RELACIONADAS: BlackRock
PATRIMONIO ESTIMADO: 1.100 millones de dólares. Capitalización de BlackRock: 10 billones de dólares (fuentes diversas)

KAPPA BETA PHI Y EL OSCURANTISMO DEL PODER

A Laurence Douglas Fink, más conocido como Larry Fink, casi nadie lo conoce. No aparece demasiado en los medios de comunicación y, por lo general, y a diferencia de otros dioses, como Bill Gates o Elon Musk, no hace declaraciones altisonantes que provoquen la menor polémica. Le gusta estar en la sombra. Pero ¿quién es? Aparte de uno de los hombres de negocios más reconocidos de Wall Street y de contar con una fortuna neta de 1.100 millones de dólares, muchos le consideran un «revolucionario» al haber hecho «populares» cientos de productos de inversión gracias a BlackRock, la compañía que fundó en 1988 junto a su amigo Robert Kapito y que a día de hoy posee el 88 % de las acciones de las quinientas mayores empresas del mundo, gestionando activos de tanto valor que solo Estados Unidos y China podrían competir con ella[1].

A diferencia de la mayoría de los dueños del planeta de los que aquí estamos hablando, Larry Fink (y su gigantesco ente financiero) ni construye ni fabrica nada. No se dedica ni a la tecnología, ni a la energía, ni a la comunicación, ni a las armas, ni a los viajes espaciales… Aunque, en realidad, se dedica a todo un poco. O, mejor dicho, mucho. Ese es el elemento más perverso de la historia: el poder de BlackRock proviene, sencillamente, de la ingeniería financiera, una actividad «intangible» que a comienzos del siglo XXI se convirtió en la más rentable y poderosa del planeta.

Larry Fink nació en 1952 en la pequeña población de Van Nuys, cerca de Los Angeles (California), en el seno de una familia judía de clase media —su madre era profesora de inglés y su padre propietario de una tienda de zapatos—. En 1974 se graduó en Ciencias Políticas por la Universidad de California, donde entró en contacto con la fraternidad judía Kappa Beta Phi, una especie de club secreto, fundado en 1929, por el que han pasado algunos de los personajes más importantes de las finanzas norteamericanas[2]. En 2014, tras acudir a una reunión anual de miembros ilustres de la fraternidad, el periodista Kevin Roose publicó un artículo en *The*

---

[1] https://capital.es/2022/09/03/blackrock-la-empresa-que-contro-la-el-mundo/

[2] https://www.elconfidencial.com/alma-corazon-vida/2014-02-20/dentro-de-kappa-beta-phi-la-sociedad-secreta-que-rige-wall-street_91597/

New York Magazine[3] en el que describía su funcionamiento y su forma de actuar: un grupo de personas completamente alejadas de la realidad y «una organización basada en el miedo», concluía el periodista.

A la misma fraternidad pertenecen personajes tan destacados como Michael Bloomberg, empresario, alcalde de Nueva York de 2002 a 2013 (recordemos que el *atentado* contra las Torres Gemelas se produjo en 2001) y dueño del medio de comunicación que lleva su apellido; Wilbur Ross, secretario de Comercio durante la presidencia de Donald Trump; Robert Rubin, secretario del Tesoro con Bill Clinton; Richard Grasso, CEO de la Bolsa de Nueva York entre 1995 y 2003, o Peter Kellogg, empresario e inversionista estadounidense cuya fortuna ronda los 3.400 millones de dólares. Llama la atención el secretismo que impera en la fraternidad —nos recuerda al modo de actuar del Club Bilderberg—: ni fotos, ni nombres, ni actas de las reuniones.

Los miembros de la asociación se reúnen, cuentan chistes, cantan y parodian algunos temas musicales de éxito[4]. Pero que no nos distraigan, porque sus actividades lúdicas tienen un fin esencial: estrechar relaciones personales y de negocios. El lema de su fiesta anual, que se celebra todos los meses de enero en el hotel de lujo Saint Regis (de la cadena Marriott

---

[3] https://nymag.com/intelligencer/2014/02/i-crashed-a-wall-street-secret-society.html

[4] Lo mismo sucede en el elitista Bohemian Grove, un campamento en California en el que cada mes de julio se dan cita los hombres más acaudalados de Estados Unidos.

Internacional), es *Dum vivamus edimus et biberimus;* es decir, «Mientras vivimos, comemos y bebemos»[5], que en su caso es como decir: «Mientras gobernamos el mundo, nos divertimos». Supongo que, si se dice en latín, la frase suena mejor.

El dinero como destino

> Si quieres ser rico, no te afanes en aumentar tus bienes, sino en disminuir tu codicia.
>
> Epicuro

Pero volvamos a Larry Fink, ese posmoderno becerro de oro del que tan poco se sabe y que tanto poder tiene. Tras licenciarse como politólogo en 1974, completó su formación académica con un grado en Administración de Empresas también en la Universidad de California (UCLA), que era el título que le faltaba para conseguir esa mezcla perfecta que constituye la esencia del poder: política y dinero. A partir de ahí, si cuentas con amigos poderosos como mentores y/o padrinos, todo irá sobre ruedas. Tan solo hará falta despojarse de escrúpulos (si es que alguna vez se tuvieron), de conciencia y

[5] https://www.revistagq.com/noticias/articulo/que-es-kappa-beta-phi-sociedad-secreta-wall-street. El lema de la fraternidad nos remite a un rito ancestral en el que se entonaba un canto similar: «Que coman y beban los dioses». Para más información, remito al trabajo de José Ángel Zamora López en el libro *El alimento de los dioses. Sacrificio y consumo de alimentos en las religiones antiguas,* Universidad de Sevilla, Sevilla, 2015, págs. 57-88.

de remordimientos, y aguardar a que llegue la ocasión para asestar el primer golpe.

A finales de los años setenta del siglo pasado, Larry Fink ya sabía cuál sería su destino. Se había dado cuenta de que el mundo de las finanzas era el motor de Occidente —lo que marcaba la dirección del mundo «desarrollado»—, por lo que decidió meterse de lleno en él y comenzar a actuar. En 1980 ya era director del banco de inversión estadounidense First Boston, convirtiéndose en una figura clave para la creación de activos basados en hipotecas, ya que constituyó un departamento dedicado exclusivamente a opciones y futuros... Estoy segura de que a mis lectores estas palabras les resultan familiares: opciones, futuros, bienes raíces, hipotecas *subprime,* activos tóxicos... Sí, hablamos de riesgo y de productos de inversión (el «juego sucio» del capitalismo), que a la postre siempre generan «burbujas» que, cuando estallan, dan lugar a crisis económicas tan graves como la que padecimos en 2008, que provocó el cierre de miles de compañías y la ruina —y la desesperación— de millones de personas. Eso sí, a los dioses nunca les afecta, ya que continuaron comiendo y bebiendo —con mayores festejos aún— para celebrar el incremento de sus cuentas bancarias mientras nos robaban las nuestras[6].

BlackRock, la empresa que Larry Fink fundó en 1988 bajo la sombrilla corporativa de The BlackStone Group, salió muy bien parada de aquella terrible situación. Un dato: en los años noventa del siglo pasado, la compañía tenía oficinas en

---

[6] Trato este acontecimiento en *Perdidos. ¿Quién maneja los hilos del poder?,* Ediciones Martínez Roca, Barcelona, 2013.

Londres, Sídney, Hong Kong, Fráncfort, Milán y Dubái, y a finales de la primera década de los 2000 —coincidiendo con el *crack* de 2008— se extendió por San Francisco, París, Pekín, Bombay, Zúrich, Madrid, Moscú, México y Sao Paulo. No hay duda de que Fink sabía lo que se avecinaba —la crisis fue ampliamente debatida en la reunión del Club Bilderberg de 2006—, así que vendió a tiempo los «activos basura» que previamente había adquirido.

Esta acción deja claro que uno de los principales factores del crecimiento de BlackRock siempre fue y será su acceso a información privilegiada, que le permitió ir ganando tamaño mediante adquisiciones —y posterior venta— de empresas que atravesaban un momento crítico. ¿Acaso no es este el *modus operandi* del becerro de oro? Tras la marcha de Moisés al Monte Sinaí, los judíos creyeron que habían sido abandonados, situación que al becerro le vino de perlas para destruir la moral y las fuerzas de los hombres, la conciencia y la esperanza de ser libres. Para conseguir su libertad, los judíos osaron desobedecer al faraón y, sin embargo, acabaron esclavizados por un ídolo dorado. ¡Qué absurdo!

Fue en las aguas turbulentas de la crisis global —en las que millones de personas nos ahogábamos— donde, fiel a su estilo y a su naturaleza depredadora, el tiburón se hizo fuerte. En 2009 compró la división de gestión de activos de Barclays, lo que provocó que las acciones de BlackRock se revalorizan más de un 90 %[7]. El ente financiero supo aprovechar tanto la situa-

[7] https://elpais.com/economia/2015/03/06/actualidad/1425642216_000426.html

ción generada por la crisis financiera mundial como las medidas que los Gobiernos adoptaron para que algo así no volviera a producirse. «Siempre hemos intentado saber por adelantado cuáles son las necesidades de nuestros clientes [inversores] y hemos evolucionado para satisfacerlas», declaraba hace poco Brian Beades, portavoz de BlackRock[8]. Cuando se habla de dinero, de inversión en Bolsa y de ingeniería financiera, eso de «saber por adelantado» suena a fraude, a acceso y utilización de información privilegiada y a mala praxis, lo que no debería extrañarnos en un hombre formado y acostumbrado al oscurantismo que reina en las altas esferas del poder.

Pero sigamos…

En la última década, BlackRock ha continuado con su expansión a gran escala, hasta el punto de ser a día de hoy la empresa que más dinero gestiona del planeta. Han pasado catorce años desde que, en su particular guerra entre titanes, unos pocos decidieron estallar la burbuja inmobiliaria que previamente habían creado, y en todos y cada uno de ellos la revista *Fortune* ha nombrado a Fink como uno de los «mejores líderes del mundo». Además, es miembro del Foro Económico Mundial y miembro del Consejo de Administración de la Universidad de Nueva York y del Consejo Asesor de la Escuela de economía y Gestión de la Universidad de Tsinghua de Pekín[9]. Actualmente se calcula que la compañía estadou-

---

[8] https://www.expansion.com/mercados/2018/09/01/5b8abec6268e3ee01d8b45ca.html

[9] https://capital.es/2022/09/03/blackrock-la-empresa-que-controla-el-mundo/

nidense maneja unos activos equivalentes a 10,5 trillones de dólares, lo que la sitúa por encima de la economía de Alemania[10]. Aún más: si BlackRock fuera un país, sería la cuarta economía del planeta tras Estados Unidos, China y Japón[11].

¿Hasta dónde llegan los tentáculos de BlackRock y de Larry Fink? Lo cierto es que la empresa controla la mayoría de las acciones de gigantes como Microsoft, Amazon, Apple, Google, Twitter, Coca Cola, PepsiCo, Ferrari, Bank of America, J. P. Morgan, Pfizer, McDonald's o Uber, e influye —como propietario que es— en los principales medios de comunicación estadounidenses, como por ejemplo, *Time Inc.* (8,12 %), Fox (18 %), CBS (16 %), Comcast (13 %) o Disney (12 %)[12]. En realidad, como pude comprobar en mi tesis doctoral, forma parte del accionariado de todos los medios de comunicación de Occidente. Como accionista institucional, es *el segundo mayor propietario de* Facebook, solo por detrás de Vanguard, fondo en el que también participa, y viceversa[13]. Ya vimos que Mark Zuckerberg, el nuevo Ángel de la Luz que pretende instalarnos en un universo paralelo para *poder ser lo que*

---

[10] https://www.expansion.com/mercados/2018/09/01/5b8abec6268e3ee01d8b45ca.html

[11] https://elpais.com/economia/2015/03/06/actualidad/1425642216_000426.html

[12] https://capital.es/2022/09/03/blackrock-la-empresa-que-controla-el-mundo/

[13] Los fondos BlackRock Fund Advisors, junto a The Vanguard Group, Inc., además de J. P. Morgan Asset Management (UK) Ltd., J. P. Morgan Investment Management, Inc., Fidelity Management & Research Co., gravitan en la órbita de la familia Rockefeller.

queramos, hace tiempo que perdió el control de su creación —Facebook (Meta)—, que ha ido a parar a las manos de Larry Fink.

En nuestro país, BlackRock participa en veintiuna grandes empresas cotizadas, dieciocho de las cuales pertenecen al Ibex 35 —por un valor de 42.000 millones de euros—. El ente financiero tiene miles de acciones en las principales energéticas españolas, como Iberdrola, Repsol, Red Eléctrica Española o Enagás. Además, en marzo de 2020 se asoció con Naturgy para participar a partes iguales en el 49 % del gasoducto Argelia-España Medgaz. También es el primer accionista individual del Banco Santander —ese que ya mide la huella de carbono de sus clientes—, con un paquete del 5,426 % y un valor de unos 2.000 millones de euros. La gestora también controla el 6 % del BBVA, el 3 % de Caixabank y más del 5 % de Banco Sabadell. Asimismo, posee participaciones de ACS, Ferrovial, de la farmacéutica Grifols, de Atresmedia y del Grupo Prisa[14].

Es decir, todos los sectores relevantes del país están controlados por BlackRock que, obviamente, con semejante poder, define el rumbo de la política económica del país, mientras los gobernantes mantienen la boca cerrada, miran hacia otro lado o ponen la mano. Son incapaces de enfrentarse a los designios del becerro de oro del siglo XXI —el dinero y la ingeniería financiera—, un ídolo que, como en el relato bíblico, continúa exigiendo sacrificios y adoración permanentes.

---

[14] https://www.eldiario.es/economia/inversiones-espana-megafondo-confia-salida_1_1219576.html

Desde sus inicios, los vínculos de BlackRock con el poder político de Washington han provocado sospechas más que fundadas: por ejemplo, uno de los altos directivos de la empresa ocupa desde 2021 el cargo de director del Consejo Económico Nacional estadounidense, tras ser asesor de la Casa Blanca durante el mandato de Barack Obama (2005-2017). En 2020, BlackRock también fue contratada por la Administración Trump para gestionar las inversiones y protegerlas de la recesión creada con la *pandemia* de la Covid-19. La Reserva Federal estadounidense fue quien adquirió los servicios del gigante financiero, momento que este aprovechó para aumentar considerablemente sus beneficios.

De nuevo nos encontramos con esa alianza indestructible entre el poder político y el poder financiero que parece encargada de regir el destino del planeta. ¿Hasta cuándo?, nos preguntamos. ¿Acaso nadie se da cuenta de la manera en que los amos del mundo se han adueñado de los destinos de todos nosotros? ¿Nadie es capaz de alzar la voz y denunciar semejante acto de nepotismo?

El caso es que BlackRock ha sido acusada en varias ocasiones de no permitir la libre competencia y de controlar la totalidad de numerosos nichos de mercado, manejando a su antojo las cúpulas de poder de las más importantes empresas del mundo y recibiendo un trato de favor por parte de los organismos reguladores.

En el ámbito de la industria energética, la cosa se vuelve especialmente ambiciosa y contradictoria, ya que, por ejemplo, BlackRock posee tanto activos de empresas estadounidenses (Exxon) como rusas (Gazprom). También es la mayor inversora en plantas de carbón, generando alrededor de 9,5 gigatoneladas de CO_2. Luego, por supuesto, tanto Fink como sus compañeros de equipo se las dan de activistas del medioambiente y se atreven a sermonearnos acerca de cómo debemos actuar para cuidar el mismo planeta que llevan años destruyendo. A estas alturas, y por mucho que nos escandalice, esto no debería extrañarnos. Los actos de hipocresía son los que siempre han definido al becerro de oro. Cuando se trata de vender y comprar, todo vale, así que vendamos ideología, agendas para los próximos treinta años, movimientos y causas sociales dirigidos —supuestamente— a conseguir una mayor equidad y justicia social... Cualquier droga que apague el malestar entre la ciudadanía será bienvenida y aprovechada por quienes únicamente desean mantenerse, cueste lo que cueste, en el Olimpo de los Intocables, aun a riesgo de poner en cuestión los principios del libre mercado y de aniquilar la misma democracia que les ha permitido llegar a lo más alto jugando más sucio que el resto.

Como cabía esperar, las decisiones de BlackRock están basadas en otra alianza tenebrosa, la que mantiene con la Inteligencia Artificial y el *big data,* tecnologías que han permitido la construcción de una nueva deidad, Aladdin (acrónimo de Asset, Liability, Debt and Derivative Investment Network, es decir, Red de Inversión en Activos, Pasivos y Derivados), un *software* mágico que maneja a su antojo los mercados financieros y que decide a gran escala en qué invierten los grandes patrimonios. El *software* —propiedad de Black-

Principales accionistas institucionales

Accionista	Acciones	Valor
Vanguard Group, Inc. (The)	13.492.083	10.217,285,009
BlackRock Inc.	9.696.425	7.342,909,008
State Street Corporation	6.319.438	4.785,584,193
Temasek Holdings (Private) Ltd.	5.092.825	3.856,694,665
Bank of America Corporation	4.049.222	3.066,394,954
Capital International Investors	3.546.838	2.685,949,584
J. P. Morgan Chase & Company	3.136.042	2.374,861,977
Morgan Stanley	3.045.286	2.306,134,271
Charles Schwab Investment Management, Inc.	2.905.078	2.199,957,552
Capital World Investors	2.756.624	2.087,536,303

Principales accionistas de fondos de inversión

Accionista	Acciones	Valor
Vanguard Total Stock Market Index Fund	4.274.388	3.236,908,669
Vanguard 500 Index Fund	3.417.561	2.588,050,694
Washington Mutual Investors Fund	2.708.810	2.051,327,716
Schwab Strategic Tr-Schwab U. S. Dividend Equity ETF	1.861.279	1.409,509,415
SPDR S&P 500 ETF Trust	1.667.537	1.262,792,468
Fidelity 500 Index Fund	1.634.890	1.238,069,547
iShares Core S&P 500 ETF	1.362.809	1.032,028,039
MFS Series Trust I-MFS Value Fund	1.298.012	982.958,565
Select Sector SPDR Fund-Financial	1.274.306	965.006,485
J. P. Morgan Equity Income Fund	1.263.590	956.891,472

Rock— analiza el comportamiento histórico de todos los productos financieros que existen o han existido en el mercado. Tiene en cuenta todas las incidencias posibles y las fluctuaciones financieras derivadas de catástrofes que puedan darse o *crearse,* como las pandemias de la OMS, los desastres climáticos reales o inventados, las burbujas inmobiliarias pinchadas, las guerras provocadas... Tras compararlas con situaciones similares del pasado, el último juguetito del becerro de oro calcula las posibilidades de éxito o de fracaso de una inversión en estudio, es decir, su riesgo. Al menos eso es lo que nos cuentan, porque, como era de esperar, BlackRock mantiene en secreto el algoritmo que utiliza Aladdin para su funcionamiento[15]. Obviamente, si de verdad existe y es tan eficaz como dicen —cosa que dudo—, otros podrían utilizarlo en su contra si se diera a conocer.

Estamos ante una guerra sin cuartel entre el dios del Dinero, los Bancos Centrales, el poder de los Gobiernos y los Estados, y, finalmente, la ciudadanía, que ve cómo su participación «real» en la sociedad se limita cada vez más. Pero esto tampoco debería sorprendernos... En el Foro de Davos de 2015, mientras debatían ante los desastres que generaría a una nueva recesión, Fink cuestionó la madurez de la población europea para elegir a los dirigentes políticos «adecuados». Durante la reunión, el vicesecretario general del Fondo Monetario Internacional, Min Zhu, sentenció: «Es urgente avanzar en las reformas estructurales en Europa, pero es difí-

[15] https://igorochoa.net/2020/03/14/aladdin-blackrock-el-dios-algoritmico/

cil por los procesos electorales. Los grandes retos necesitan grandes líderes políticos. En los grandes momentos, o la Historia escoge al líder o el líder cambia la Historia». A lo que Larry Fink contestó: «Ya, pero antes hay que *educar* a la población [en Europa] para que vote al *líder correcto* que tome las medidas correctas»[16].

Ante semejante intercambio de declaraciones, solo podemos esperar lo peor. «Siento la responsabilidad de ayudar a los Gobiernos a adoptar las políticas adecuadas, a veces hablando claro y mostrando desacuerdo, pero siempre pensando en el interés de nuestros clientes», dijo Fink en una entrevista al diario *El País*[17] unos meses después de sus polémicas declaraciones en el Foro de Davos. Es un suma y sigue que no acaba nunca. Los dueños del dinero sienten la *responsabilidad de ayudar a los Gobiernos…*, pero, eso sí, siempre pesando en el interés de sus clientes. Como vemos, el peligro ha dejado de estar en que los Estados intervengan en la economía; ahora son las grandes compañías financieras las que, gracias a un algoritmo secreto, intervienen en los Estados y deciden qué políticas económicas deben seguir. «Entiendo el dolor de los damnificados por la crisis —continuaba en la citada entrevista—, pero el futuro de España se perfila mejor ahora que hace cinco años. Los ajustes son dolorosos, pero necesarios para reorientar la economía y devolverla a la senda

---

[16] https://www.elmundo.es/economia/2015/01/25/54c3ef0bca474165768b457e.html

[17] https://elpais.com/economia/2015/03/06/actualidad/1425642216_000426.html

del crecimiento, y para introducir una mayor disciplina en los gobernantes».

Todo esto es falso. Los gobernantes siguen siendo tan corruptos como entonces —e incluso más—, y la recesión económica ha vuelto a ser activada con las armas de vanguardia de las élites globalistas: *pandemias* que se planifican y guerras que enriquecen a sus industrias bélicas y energéticas mediante inflaciones disparadas que causan los mismos daños y estragos que una plaga bíblica enviada por Dios.

En 2020 vimos cómo las élites retomaron el «ellos contra nosotros» y nos vapulearon con otra gran crisis, la provocada por la *pandemia* de la Covid-19 —mejor dicho, la *pandemia* de los fondos privados que integran la OMS, como BlackRock—. Y dos años después, en febrero de 2022, cuando parecía que todo volvía a la normalidad, hicieron estallar la guerra de Ucrania, una nueva oportunidad para ganar dinero... Está más que demostrado que Larry Fink es un experto en eso de estar en el lugar adecuado en el momento oportuno: en el mes de septiembre de 2022 mantuvo un encuentro por videoconferencia con el presidente Volodimir Zelenski para impulsar las inversiones públicas y privadas en Ucrania. BlackRock se ofreció para asesorar «gratis» al Gobierno ucraniano y captar fondos para la reconstrucción.

A la oligarquía ucraniana —han demostrado con creces ser grandes adoradores del becerro de oro—, le entusiasmó la propuesta, por lo que, dos meses después, el Ministerio de Economía anunció que la compañía estadounidense liderará el diseño de la estructura y del proceso de inversión, de la gobernanza y del uso de los fondos —repito: públicos y privados— que se consigan[18]. Podemos afirmar que Ucrania ha logrado su propósito de ser plenamente europea. Zelensky no se cansa de propagar que ha llevado a su pueblo a la guerra por «la libertad y la democracia», pero ahora comprobamos que lo ha entregado a las garras del mayor fondo buitre del mundo. El líder ucraniano asegura que luchan para dejar la mejor herencia posibles a sus hijos. Pues ya la tienen: una deuda vital. Ya son tan europeos como nosotros. Ahora BlackRock es el dueño del país y los nuevos esclavos ucranianos trabajarán a las órdenes de su amo.

En resumidas cuentas: tenemos a una gran corporación financiera manejando los hilos de la política de una nación en guerra que hay que reconstruir, por lo que será esa misma gran corporación la que establezca la agenda que ordene qué hacer —y cómo hacerlo— tanto en el ámbito económico como en el político. Si esto no es una receta hacia la tiranía totalitaria, que me digan qué lo es. Ante la creación de un nuevo orden internacional, los poderosos toman posiciones y comienzan a sacar sus nuevos peones al tablero de juego. BlackRock cuenta con el as en la manga de Aladdin y su algoritmo secreto, lo que lo sitúa como el mejor candidato para ganar la partida.

---

[18] https://www.kmu.gov.ua/en/news/ministerstvo-ekonomiki-ukrayini-pidpisalo-memorandum-iz-najbilshoyu-investkompaniyeyu-svitu (11 de noviembre de 2022).

Desde el año 2015, Larry Fink escribe en la página web de BlackRock unas cartas públicas dirigidas a los inversores y a los CEO del mundo. En la edición de 2018 ya hablaba de la necesidad de que las empresas tuvieran propósitos corporativos y que desarrollaran estrategias a largo plazo «sin perder de vista su fin social»[19]. Insistió en la misma idea los dos años siguientes, sobre todo en la carta de 2020, donde hizo hincapié en cómo el cambio climático redefinirá el capitalismo tal y como lo conocemos. Sin embargo, en noviembre de 2022 Fink dio un giro radical a su estrategia al reclamar más rentabilidad y menos «activismo verde». ¿A qué se debe este cambio de opinión? Sencillamente, a que la «agenda verde» es una ruina para todos, incluso para el mayor fondo de inversión del planeta, que creía que podría volver a robarnos para que sus accionistas se enriquezcan aún más —nunca tendrán suficiente—. El caso es que la jugada no les ha salido bien, lo que me lleva a preguntarme por qué su Aladdin no se lo advirtió a tiempo.

El pasado mes de diciembre, BlackRock fue acusada de «hipocresía» en sus criterios medioambientales, sociales y de gobernanza (ESG). La crítica, realizada por Bluebell, una empresa dedicada a la lucha contra el cambio climático —esa que Fink había defendido hasta hace poco—, dio la vuelta al mundo y obligó a BlackRock a hacer público un comunicado

---

[19] https://hazrevista.org/rsc/2018/01/la-carta-de-larry-fink-deja-sin-argumentos-a-los-ceo/

explicando su posición: «En los últimos dieciocho meses, Bluebell ha realizado una serie de campañas para promover su agenda climática y de gobernanza. BlackRock no apoyó estas campañas porque no consideramos que proporcionen el mayor interés económico para nuestros clientes».

El becerro de oro ha hablado. La «agenda verde» solo es válida cuando atenta contra las propiedades de los pequeños y medianos empresarios, pero no lo es cuando pone en peligro las riquezas de los multimillonarios. Que quede claro, y repitámoslo las veces que hagan falta: si no es interesante económicamente para los dioses, tampoco lo es para nosotros. En este sentido, la guerra de Ucrania nos está ofreciendo una lección extraordinaria: nuestras sociedades no tienen sustitutos al carbón y el petróleo, y cualquiera que pretenda implementar la tan cacareada transición ecológica nos estará conduciendo a la ruina.

El becerro de oro no se corta al señalar que el precio del carbón ha subido espectacularmente (de 76 dólares por tonelada a 380 dólares en dieciocho meses) desde que estalló este conflicto, «debido a la inversión insuficiente en energía tradicional y renovable, exacerbada por las tensiones geopolíticas actuales»[20]. Es decir, ahora definen como «poco realistas» y «arriesgadas» las inversiones en energías renovables, apuntando hacia una «sostenibilidad climática» sin abandonar la «sostenibilidad económica». No sé si es más absurdo que cómico o más cómico que absurdo. Con lo sencillo que sería decir:

---

[20] https://www.vozpopuli.com/economia_y_finanzas/blackrock-dueno-ibex-rentabilidad-activismo-climatico.html

«Lo siento, nos equivocamos». Está claro que la soberbia convence a los dioses de que ellos nunca cometen errores.

En el sector de las armas de fuego, la hipocresía de Fink también se ha hecho notar. BlackRock es uno de los principales accionistas de los fabricantes American Outdoor Brands, Sturm Ruger & Company y Vista Outdoor, pero, hasta hace bien poco, su creador pretendía convencernos de que el objetivo de la compañía era «ayudar a nuestros clientes a explorar sus opciones para alterar o eliminar su vínculo con las armas de fuego». Lo dijo a raíz de la tragedia sucedida en Florida en febrero de 2018, cuando un joven de diecinueve años entró en su antigua escuela y mató a catorce alumnos y tres profesores[21]. Sin embargo, tras el estallido de la guerra de Ucrania y después de que Estados Unidos —y, por supuesto, las empresas lideradas por BlackRock— enviara cantidades ingentes de armamento a Ucrania, el precio de las armas subió escandalosamente (por encima del 40 %), lo que ha generado enormes beneficios en todas las empresas participadas —y controladas— por Fink. Su discurso en contra de las armas de fuego ha pasado a un segundo plano, algo lógico cuando el rey de las finanzas acaba de alzarse como el bienhechor dispuesto a tomar las riendas de la reconstrucción de Ucrania cuando la guerra termine.

En octubre de 2021, Larry Fink fue el objetivo de un amplio reportaje del *Financial Times* —uno de los órganos de Bilderberg— titulado «El hombre de los 10 trillones de dóla-

---

[21] https://www.swissinfo.ch/spa/el-mayor-gestor-de-activos-del-mundo-presiona-a-la-industria-de-las-armas-en-eeuu/43943336

res», donde se cuenta el increíble ascenso de BlackRock hasta convertirse en el administrador de capitales más grande del mundo. El diario se preguntaba si una sola compañía debería tener tanto poder y señaló que múltiples funcionarios del Gobierno trabajan hoy en BlackRock y que ejecutivos que antes tenían cargos importantes en el ente financiero han salido para ocupar altos puestos en la Administración de Joe Biden[22].

Es la fiesta de las puertas giratorias, una práctica que atenta directamente contra la salud de la democracia al concentrar el poder siempre en las mismas —y escasas— manos. BlackRock conforma uno de los principales vértices de la estructura de poder global, desde donde se despliega una efectiva red que favorece y facilita el desarrollo de negocios de alto nivel, a los que, por supuesto, nadie que no forme parte de la élite globócrata puede acceder.

El hecho de que el *Finacial Times* lo señale con el dedo acusador es una prueba más de que los dioses están en guerra. Las voces críticas han comenzado a escucharse y no todo lo que hace este gran mago de las finanzas es aceptado como maná caído del cielo. Incluso algunos estados norteamericanos, como Florida, Missouri o Louisiana, han comenzado a retirar sus fondos del ente porque no están dispuestos a «financiar el proyecto de ingeniería social de BlackRock»[23]. En este sentido, el tesorero del Estado de Missouri, Scott

---

[22] https://muyfinanciero.com/biografias/millonarios/larry-fink/

[23] https://www.theepochtimes.com/north-carolina-treasurer-wants-blackrock-ceo-larry-fink-to-resign-or-be-removed_4915232.html?utm_source=ai&utm_medium=search

Fitzpatrick, comparó los criterios medioambientales, sociales y de gobernanza de la compañía de Larry Fink con el activismo de izquierda y señaló que sus administradores están utilizando el dinero de las personas para promover causas sociales y políticas que podrían no responder a los intereses financieros de los inversores[24], sino a la agenda de la actual administración, una agenda que los demócratas no pueden aprobar a través del proceso político democrático reglamentario.

¿Acaso nos extraña a estas alturas que Larry Fink se sienta por encima de la democracia y de las reglas del juego? No, era de esperar, como también lo es que otros grupos de poder —tan poco interesados como él en la defensa de la democracia, pero sí en ganar dinero— se hayan dado cuenta de su ambición sin límites y no estén dispuestos a permitir que no comparta el botín con ellos.

No hay duda de que BlackRock encuentra oro hasta debajo de las piedras. Lo encuentra en la guerra, en la paz, en el activismo contra el cambio climático, en la defensa de las energías fósiles, en las crisis financieras globales, en la ineptitud de los gobernantes, en la falta de democracia… Y, por supuesto, se aprovecha de la falta de información que todos padecemos. Me refiero a información verídica y no manipulada. Me refiero a la Verdad con mayúsculas, esa que se nos oculta porque, si la conociéramos, a los dueños del planeta se les caerían las máscaras y su inmenso poder se vendría abajo como un castillo de naipes.

---

[24] https://www.breitbart.com/economy/2022/12/01/exclusive-missouri-treasurer-scott-fitzpatrick-esg-latest-acronym-leftist-activism/

Decíamos al principio del capítulo que, ante la ausencia de Moisés, el pueblo israelita pidió a Aarón que construyera un ídolo al que adorar en su camino hacia la Tierra Prometida. Aquel becerro de oro se convirtió de inmediato en motivo de regocijo y celebración. Pero, en realidad, no había nada que celebrar. Los judíos acababan de ser expulsados de Egipto y les esperaba un largo camino por el desierto hasta llegar a su destino… A día de hoy, mientras todos buscamos un nuevo futuro —destruido ya el antiguo orden—, el becerro de oro sigue siendo venerado y, consciente de su poder, marca el destino de un mundo que ignora hacia dónde se dirige y por qué. Pero, tal vez, como entonces, ignore que sus días están contados.

7
Larry Page y Sergey Brin
¿Es Google el guardián del Inframundo?

El infierno está aquí, entre nosotros. Detrás de cada pared, de cada ventana. Es el mundo detrás del mundo.

John Constantine
(interpretado por Keanu Reeves en la película *Constantine)*

Además de ser el dios del Inframundo, Hades era el destino final de las almas de los muertos, que llegaban a sus puertas para ser juzgadas por sus actos en vida. Cuando se consideraba que un alma había llevado una vida especialmente buena, primero se la llevaba a beber de las aguas del río Lete para que olvidara todo lo malo y luego la conducía a los idílicos Campos Elíseos. Cuando se juzgaba que un alma había tenido una mala vida, caía en manos de las Furias, que la llevaban al Tártaro, el nivel más profundo del Hades, donde se la castigaba por sus fechorías. Las peores almas, aquellas que habían ofendido a los dioses con su irreverencia, estaban condenadas al tormento eterno.

Especialmente relevante para lo que vamos a contar en este capítulo es el mito del poeta Orfeo, en el que Hades —como dios del Inframundo— desempeñó un papel esencial. Tras perder a su amada, Eurídice, por la picadura de una serpiente venenosa, el joven Orfeo descendió a los infiernos para suplicar al señor de los muertos —Hades— que le devolviera el alma de su esposa. Tras superar diversos obstáculos, Orfeo consiguió que Hades le recibiera en su palacio, donde el poeta usó la mejor arma de la que disponía para convencerlo: su lira. Fue gracias a la armonía de su canto como Orfeo logró ablandar a Hades, que le permitió regresar al mundo de los vivos llevándose consigo el alma de Eurídice... Pero con una condición: en su camino de regreso, en ningún momento podía mirar hacia atrás. Si lo hacía, el alma de Eurídice quedaría para siempre encerrada en el mundo de los muertos. Orfeo, desconfiado, miró hacia atrás para comprobar que el alma de Eurídice iba tras él. Entonces Hades cumplió su amenaza y la joven permaneció en el Inframundo para toda la eternidad.

Parecería que vivir eternamente en el reino de las sombras —que hoy es Google— es la condena que hemos de cumplir todos los mortales del siglo XXI, ya que los dioses del Hades —Larry Page y Sergey Brin— han ido censurando y cerrándonos las puertas del conocimiento, impidiéndonos «acceder al mundo» en toda su complejidad y riqueza. El principal buscador de Internet se ha convertido en un arma de doble filo: por un lado, nos aseguran que *todo está en Google*[1], pero, por otro, nuestras almas —nuestra existencia— dependen del «juicio» que sobre ellas hacen unos algoritmos previamente programados, que son los que en última instancia deciden hacia dónde hemos de girar nuestras cabezas y hacia dónde dirigir nuestra mirada. Es el reino de la manipulación de datos por excelencia disfrazado de democracia y de libertad. Es el Inframundo. Eso sí, un Inframundo que permite amasar fortunas fabulosas capaces de acallar la menor crítica y convertirnos a todos en borregos.

---

[1] Mejor dicho, estaba. Desde que comencé a usar Google he visto cómo ha ido desapareciendo toda la información interesante hasta quedar reducido a la difusión de propaganda y a la venta de publicidad.

NOMBRE COMPLETO: Lawrence Edward Page
NACIMIENTO: 26 de marzo de 1973, East Lansing, Michigan (Estados Unidos)
NACIONALIDAD: estadounidense
ESTUDIOS: Universidad de Michigan (Ingeniería en Sistemas computacionales) y Universidad de Stanford (Ciencias de la Computación)
OCUPACIÓN: CEO de Alphabet Inc.
EMPRESAS RELACIONADAS: Google, Alphabet Inc., Calico Labs
PATRIMONIO ESTIMADO: 111.000 millones de dólares (según *Forbes,* abril de 2022)

NOMBRE COMPLETO: Sergey Mikhaylovich Brin
NACIMIENTO: 21 de agosto de 1973, Moscú (URSS)
NACIONALIDAD: estadounidense
ESTUDIOS: Universidad de Maryland (Matemáticas y Ciencias de la Computación) y Universidad de Stanford (Ciencias de la Computación)
OCUPACIÓN: CEO de Alphabet Inc.
EMPRESAS RELACIONADAS: Google, Alphabet Inc.
PATRIMONIO ESTIMADO: 107.000 millones de dólares (según *Forbes,* abril de 2022)

Los creadores de Google, Larry Page y Sergey Brin, nacionalizado estadounidense en 1979, de familia judía acomodada), se conocieron en California a finales de la década de los años ochenta mientras realizaban su doctorado en Informática en la Universidad de Stanford.

Los padres de ambos eran profesores universitarios y, desde bien pequeños, los dos destacaron en matemáticas y computación. La idea de crear un motor de búsqueda en Internet surgió en el invierno de 1998, cuando, siendo aún estudiantes, realizaban un proyecto de investigación en común.

Profundamente frustrados por la lentitud de los sistemas de búsqueda que entonces había, decidieron construir otro más avanzado y rápido. Una mañana se encontraron en el campus de la universidad con Andy Bechtolsheim, un inversor de la firma Sun Microsystems y exalumno de la facultad, a quien explicaron los detalles de su idea. De inmediato, Bechtolsheim les extendió un cheque por 100.000 dólares para que la aventura diera comienzo. Y bien que comenzó... Tras lograr que las firmas de capital de riesgo más relevantes de Estados Unidos (Kleiner Perkins Caufield & Byers y Sequoia Capital) les financiaran con nada menos que 25 millones de dólares, el proyecto pasó a ser una realidad.

En solo cinco años de existencia, Google se convirtió en sinónimo de búsqueda de información en Internet. En 2003 tenía alrededor de 112 millones de búsquedas diarias, mientras que su principal competidor, Yahoo!, tan solo recibía aproximadamente 42 millones[2]. Nadie podía competir con Google, que se convirtió en el buscador hegemónico en Internet y en una de las cinco empresas más poderosas del planeta, junto con Microsoft (Bill Gates), Apple (Steve Jobs), Amazon (Jeff Bezos) y Aramco (Mohammed bin Salmán)[3]. Debido al espectacular éxito de Google, en 2015 Page y Brin decidieron crear la multinacional Alphabet Inc., un conglomerado de servicios —actualmente cuenta con 150 oficinas repartidas en 75 países— entre los que se encuentran, además de Google —la joya de la corona—, Google Maps, Google Drive, Google Street View, Google Earth, el correo electrónico Gmail, el sitio web de vídeos YouTube, el sistema operativo Android (orientado a teléfonos inteligentes, tabletas, televisores y automóviles), la empresa biotecnológica Calico, Google X, dedicada a la investigación y desarrollo de nuevos productos, o Sidewalk Labs, que investiga cómo mejorar las ciudades para elevar la calidad de vida; es decir, las «ciudades inteligentes», en las que Hades vigilará cada uno de nuestros movimientos para marcarnos con premios y castigos según las leyes que imperen en su Inframundo.

Si hablamos de fortunas, se calcula que la de Larry Page ronda los 111.000 millones de dólares y la de Sergey Brin supera los 107.000 millones. Juntos poseen alrededor del

---

[2] Tomás Fernández y Elena Tamaro, *Biografía de Sergey Brin y Larry Page,* en «Biografías y Vidas. La enciclopedia biográfica en línea», Barcelona, 2004.

[3] https://cincodias.elpais.com/cincodias/2021/12/30/companias/1640886339_354215.html

14 % de las acciones de Google que cotizan en Bolsa y controlan el 56 % del poder de voto de los accionistas a través de acciones con súper voto (las reservadas a los accionistas «leales»). Sin duda, los dos «chicos» de Sillicon Valley están el Olimpo de los Intocables. Y de nuevo nos asaltan las dudas... ¿La civilización puede permitirse que semejante poder se concentre en las manos de dos personas que lo único que han hecho ha sido «sistematizar» y «jerarquizar» la información que hay en Internet hasta el punto de construir un mundo paralelo basado en que *solo existe lo que dice Google que existe?* ¿No es este un atentado contra la Verdad y el libre albedrío que define al ser humano desde sus inicios?

«No seas malvado», «Haz lo correcto»

«Don't be evil» («No seas malvado») fue el eslogan corporativo informal que Sergey Brin adoptó para Google en el momento de su creación. La frase hacía referencia a la intención de la empresa de no utilizar los datos con fines maliciosos, manteniendo un código de conducta justa y una buena reputación. ¡Qué hermosas palabras! ¡Menos mal que estos chicos han venido a explicarnos la diferencia entre el Bien y el Mal! Quizá porque vieron que el eslogan les cortaba las alas y les creaba algunos enemigos, en 2015, cuando Brin y Page crearon Alphabet, decidieron sustituirlo por este otro que tampoco tiene desperdicio: «Do the right thing», esto es, «Haz lo correcto».

De este modo Alphabet espera que sus empleados «cumplan la ley, actúen con honor, se respeten unos a otros y gasten el dinero adecuadamente». Es decir, un eslogan un poco más *light* que el primero y bastante más ambiguo. Sea como fuere, la gigantesca compañía ha recibido críticas feroces —internas y externas—precisamente por no respetar su propio código de conducta. Por ejemplo, en 2018, Alphabet se alió con el Departamento de Defensa estadounidense para desarrollar un proyecto de Inteligencia Artificial para usarlo en drones militares. El programa, que forma parte de los objetivos *open source* (código abierto) de Google, lleva por nombre Project Maven y su objetivo es el análisis de fotos y vídeos del campo de batalla.

La alianza no sentó nada bien en la opinión pública, que pensó que se trataba de un ataque frontal contra lo que supuestamente la empresa defiende[4]. Ya sabemos que una cosa es mantenerse «sin mácula» en tus declaraciones sobre códigos de conducta y otra bien distinta es el dinero, el control, el poder y salir vencedor en los conflictos mundiales. El caso es que a 4.000 trabajadores de Google aquello no les pareció bien y dimitieron como protesta alegando motivos éticos y políticos. ¿Cuál fue la respuesta de la compañía? Mirar hacia otro lado y seguir desarrollando —junto con el Pentágono— programas de Inteligencia Artificial para los drones de guerra. Y todo para agrandar las fronteras de su Inframundo.

Lo mismo sucedió con las numerosas denuncias por sexismo y discriminación por edad e ideológicas que Google ha recibido prácticamente desde sus inicios. En 2020 se anunció la formación de un sindicato internacional de trabajadores de

---

[4] https://www.elespanol.com/omicrono/20180521/google-abandona-dont-evil-enganabas-creias-relevante/308970368_0.html

empleados de Google, Alpha Global, una coalición compuesta por trece sindicatos diferentes que representan a los trabajadores de la empresa en diez países. El grupo se formó como respuesta a las persistentes denuncias de maltrato a los empleados de la compañía y a una «cultura tóxica en el lugar de trabajo». En 2021, documentos judiciales revelaron que entre 2018 y 2020 Google realizó una campaña antisindical, llamada «Proyecto Vivian», destinada a «convencer [a los empleados] de que los sindicatos apestan». Se ve que alzar la voz para denunciar una evidente mala praxis no está contemplado en el «Haz lo correcto» que los dioses del Hades pregonan.

Tampoco debe de estarlo la recopilación, el uso y la manipulación de datos personales. En la evolución de Google se observa un patrón de conducta que causa terror: el buscador está en todos los dispositivos electrónicos que usamos (televisiones, ordenadores, coches, teléfonos móviles...) y los aprovechan para recopilar datos, sobre todo, los que hacen referencia a nuestros hábitos sociales y de consumo. Se trata de llevar un espía en el bolsillo o de tenerlo en el propio salón de casa. No lo notamos, parece que ni siquiera respira, pero está ahí. Siempre está ahí, vigilante para pesar tu alma incluso antes de pasar al reino de los muertos... Basta recordar que en 2007 la Agencia Nacional de Seguridad de Estados Unidos puso en marcha su programa clandestino PRISM, cuyo objetivo no es otro que la recogida masiva de comunicaciones procedentes de las principales empresas que operan en Internet. Y la principal, ya lo sabemos, es Google.

Pese a las denuncias continuadas y al escándalo que supuso el descubrimiento de la existencia de PRISM (a raíz del famoso «caso Snowden»), en junio de 2013, el entonces presidente estadounidense Barack Obama dijo que las prácticas de recopilación de datos de la NSA constituyen «un sistema restringido destinado a que seamos capaces de proteger a nuestro pueblo». Es decir, que espiar está permitido cuando se trata de *proteger a nuestro pueblo…* ¿No nos recuerda esto a los peores totalitarismos que tuvimos que padecer durante el siglo XX? Ingenuamente creíamos que con el final de la Guerra Fría habían terminado, pero ahora vemos cómo se está intentando implantar un totalitarismo aún más feroz y represor: nos lo venden con el disfraz de las buenas obras y los ciudadanos lo compramos sin darnos cuenta de que les estamos entregando nuestras almas para ser valoradas, analizadas y manipuladas.

En este sentido, recordemos las famosas *cookies* de terceros de Google, ese elemento que permite seguir el historial de búsquedas de un usuario y, por tanto, hacer un seguimiento de las actividades que se correspondan con un determinado perfil. Ante las acusaciones que se produjeron por intromisión en la privacidad de las personas, Google se defendió diciendo que las *cookies* eran absolutamente necesarias para conservar las preferencias de los usuarios entre dos consultas consecutivas para poder ofrecer así un mejor servicio —¡qué majos, siempre pensando en nosotros!—. Sin embargo, lo cierto es que se trata de una información privada que Google podría verse obligado a dar a cualquier Gobierno si este la requiriese. La alianza creada entre el principal buscador de Internet y el poder político y económico no solo despierta sospechas, sino que aterroriza cuando se analiza en profundidad.

En el legendario «Haz lo correcto» de Google tampoco debe figurar eso de pagar impuestos, porque desde sus inicios la compañía ha recibido numerosas críticas por practicar la tan cacareada «ingeniería fiscal» propia de las grandes tecnológicas. Son muchos los países que se quejan de que estos gigantes reciben un trato de favor por parte de los Estados y encuentran grietas que les permiten evadir impuestos. En 2021, los países agrupados en el G-20 alcanzaron un acuerdo para fijar un impuesto mínimo de sociedades a las multinacionales y establecer un sistema para que paguen allí donde operan, aunque no tengan presencia física. Y es que en este ámbito nos encontramos ante una realidad escandalosa: las multinacionales desvían cada año cerca del 40 % de sus beneficios a territorios de baja o nula tributación a través de complejos entramados societarios que han proliferado gracias a la globalización.

En 2017, este porcentaje ascendía a casi 600.000 millones de euros, lo que supone casi la mitad del PIB de España. Así, por ejemplo, durante más de una década y hasta 2020, Google utilizó el esquema conocido como «doble irlandés» o «sándwich holandés», una técnica fiscal que permite tributar la mayor parte de los impuestos a un tipo impositivo ultrarreducido en paraísos fiscales.

Según la agencia de noticias Reuters, la táctica del gigante tecnológico le permitió ahorrarse hasta 23.000 millones de dólares en 2017 y 24.500 millones en 2018[5]. Las presiones

---

[5] https://www.xataka.com/legislacion-y-derechos/google-abandona-doble-irlandes-entramado-para-evadir-impuestos-a-traves-irlanda-paraisos-fiscales

de la Unión Europea hicieron que hace dos años la multinacional abandonara estas prácticas, aunque, tal y como recoge el *Financial Times,* Google ha sido una de las últimas empresas en adaptarse a la nueva legislación. Entre las medidas adoptadas por la UE se encuentra la denominada «tasa Google», con la que, por ejemplo, en España se han recaudado 480 millones de euros frente a los casi 1.000 millones que Hacienda había previsto para el pasado ejercicio fiscal[6]. La realidad es que las *big tech* siguen encontrando vías de escape para no tributar lo que les correspondería según sus beneficios, mientras los Estados —y las medidas tributarias que estos adoptan— siempre van un paso por detrás. ¿Es así como entiende Google su propio eslogan «haz lo correcto»? ¿O quizá es que, como tantos otros grandes propietarios de multinacionales, el nefasto Hades del siglo XXI se siente por encima del Bien y del Mal y de las reglas que los mortales adoptan para convivir?

Al servicio de las élites globalistas

A estas alturas ya sabemos que los dos eslóganes de Google —«No seas malvado» y «Haz lo correcto»— no son más que una manifestación obscena de la amoralidad con la que actúan los dueños del planeta. Nos venden «democracia», «libertad», «acceso a la información en igualdad de oportunidades», «defensa del medioambiente», «educación igualita-

---

[6] https://www.elconfidencial.com/economia/2022-05-12/hacienda-recaudacion-tasa-google_3423132/

ria», cuando la verdad es que se trata de una monumental campaña de *marketing* dirigida a construir e imponer el relato único de las élites globalistas.

Como estamos viendo a lo largo de este libro, la estructura de comunicación y poder global se ha construido sobre las bases de las cinco empresas tecnológicas más valoradas en Bolsa: Alphabet (Google), Amazon, Facebook (Meta), Apple y Microsoft, a las que posteriormente se les ha unido Twitter, que son referidas con el acrónimo GAFTAM. En los últimos quince años, las GAFTAM se han transformado hasta desarrollar funciones propias de la prensa tradicional, como producir y difundir noticias. Es decir, son generadoras de opinión pública y, por tanto, capaces de modificar el pensamiento y la acción de individuos y de comunidades ingentes.

En el caso de Google en particular, Larry Page y Sergey Brin crearon un sistema de algoritmos, llamado PageRank, que ha sido ampliamente criticado por «antidemocrático» e «injustamente sesgado», pues está más que demostrado que beneficia a los «grandes sitios» de Internet y perjudica a las informaciones contrarias a las corrientes de opinión mayoritarias. Lo cierto es que los criterios para definir la importancia de una página —y, por tanto, su posición en Google— no son revisados por ningún organismo externo ni imparcial, por lo que el usuario solo encontrará en Google lo que Google quiere que encuentre.

Es una forma perversa de construir la realidad. Solo es importante lo que es importante para Google y recordemos que son dos señores —y sus alianzas con los principales centros de poder globalistas— quienes lo crearon y quienes deci-

Principales accionistas institucionales

Accionista	Acciones	Valor
Vanguard Group, Inc. (The)	422.194.039	37.676,595,138
BlackRock Inc.	364.589.580	32.535,973,340
Price (T. Rowe) Associates Inc.	203.484.912	18.158,993,112
State Street Corporation	196.897.894	17.571,167,639
FMR, LLC	137.342.098	12.256,408,532
Geode Capital Management, LLC	96.492.465	8.610,987,370
J. P. Morgan Chase & Company	77.609.680	6.925,887,677
Capital International Investors	77.092.385	6.879,724,272
AllianceBernstein, L. P.	63.184.850	5.638,615,879
Northern Trust Corporation	61.949.645	5.528,386,187

Principales accionistas de fondos de inversión

Accionista	Acciones	Valor
Vanguard Total Stock Market Index Fund	156.131.343	13.933,160,715
Vanguard 500 Index Fund	121.569.999	10.848,906,451
SPDR S&P 500 ETF Trust	59.246.748	5.287,179,664
Fidelity 500 Index Fund	58.141.552	5.188,551,976
Price (T. Rowe) Blue Chip Growth Fund Inc.	56.178.797	5.013,395,724
Invesco ETF Tr-Invesco QQQ Tr, Series 1 ETF	54.331.541	4.848,546,602
Growth Fund Of America Inc.	51.649.222	4.609,176,460
iShares Core S&P 500 ETF	48.465.743	4.325,082,801
Vanguard Growth Index Fund	43.147.424	3.850,476,025
Vanguard Institutional Index Fund-Institutional Index Fund	38.930.849	3.474,188,881

den cómo ha de funcionar. Los grandes conglomerados tecnológicos comparten accionistas y miembros de sus consejos con otras corporaciones, como bancos, fondos de inversión, compañías petroleras, médicas, farmacéuticas u otros gigantes tecnológicos. Todo el poder del planeta está en sus manos, y se necesitan unos a otros para mantenerlo y, si es posible, aumentarlo. ¿El objetivo último? Crear una sociedad infantilizada e incapaz de pensar por sí misma e influir en la toma de decisiones de los Gobiernos. En un mundo globalizado desaparecen las fronteras y las soberanías; los Estados dejan de actuar como tales y lo que a simple vista parecen decisiones políticas en realidad no son más que medidas que benefician a las élites y que contribuyen a extender y afianzar su poder.

Un buen ejemplo de esto lo tenemos en la alianza de Google con la ONU para «controlar las informaciones sobre el cambio climático». Por supuesto, se trata de un asunto que no podía faltar en la agenda del gigante tecnológico. Hace apenas unos meses, la secretaria general adjunta de Comunicación Global de la ONU, Melissa Fleming, decía que se había quedado en *shock* cuando buscó en Google el concepto «cambio climático» y encontró «todo tipo de información desordenada en los primeros resultados». Entonces se les ocurrió la gran idea de llamar a los más altos responsables del buscador para ordenar los resultados *a su gusto*. El resultado a día de hoy es que, si indagas sobre «cambio climático» en Google, lo que encontrarás serán noticias, informes y notas de prensa de la ONU sobre los recursos que la organización globalista destina a frenar el cambio climático. Es decir, lo que la organización quiere que leas. Y no olvidemos que la ONU está financiada por las fundaciones Ford, Bill y Melinda Gates, Iniciativa Chan Zuckerberg y la Open Society de George Soros, entre otras sociedades «filantrocapitalistas». Ellos son los que definen el mensaje, los que lo transmiten y los que controlan la manera de hacérnoslo llegar. Eso sí, siempre por nuestro bien… «Somos dueños de la ciencia», sentenciaba Flemming en una entrevista publicada en la web del Foro Económico Mundial. ¿Cómo es posible que hablen con tanta desfachatez?

Pero la cosa no acaba ahí. Por si hacía falta algún argumento más, Flemming continúa: «Nos complace colaborar con Google para garantizar que el contenido fáctico y confiable sobre el cambio climático esté disponible para la audiencia global más amplia posible. La información errónea está tan extendida en estos días que amenaza el progreso y la comprensión de muchos temas críticos, incluido el clima»[7]. Pero ¿qué entienden estos dioses por «progreso»? ¿Manipulación, pensamiento único, censura de medios y de opiniones? Claro, se consideran a sí mismos «los dueños de la ciencia» y actúan como los tiranos que verdaderamente son.

Otro ejemplo lo encontramos en el algoritmo que Google utiliza para calificar y censurar la información sobre determinados asuntos. En el verano de 2019, poco antes de que la OMS declarara la *pandemia* de la Covid-19, el buscador actualizó su algoritmo «secreto» introduciendo dos criterios res-

---

[7] https://www.hispanidad.com/politica/internacional/onu-google-se-unen-controlar-informaciones-sobre-cambio-climatico-somos-duenos-ciencia_12037375_102.html

trictivos: «Your Money or Your Life» (YMYL, «Tu dinero o tu vida»)[8], es decir, su dinero y su verdad única. Google define las webs «YMYL» de la siguiente manera: «Páginas [que] podrían afectar potencialmente la felicidad, la salud mental, física y emocional, la estabilidad financiera o la seguridad de los usuarios en el futuro». Las páginas sobre temas «YMYL» requieren mayor escrutinio para la calificación de calidad de la página. Entre las que están en esta tipología, Google señala las webs de comercio electrónico y las de información médica, junto a las de noticias.

Traducido sería, por un lado, que no puedes criticar a las grandes empresas que manejan el mundo, que, por cierto, son las que más beneficios sacaron de la *pandemia* y del terror que nos inculcaron a todos. Y, por otro, que no puedes manifestar la menor sospecha acerca de las consignas «sanitarias» con las que nos bombardeaban a diario —y continúan haciéndolo— los Gobiernos y los organismos supranacionales (OMS). Si criticabas alguna de las medidas que se adoptaron (mascarillas, confinamientos, distancia social, *vacunas),* quedabas condenado al ostracismo, porque, claro, Internet está lleno de «enemigos de la ciencia». Y así andamos: las grandes multinacionales adoran a «San Google», que lo sabe todo y se ha

[8] Incluidas en las directrices del evaluador de calidad de búsqueda de Google, que actualizan regularmente, y se las proporciona sus calificadores de calidad de búsqueda, que las usan para evaluar los resultados de búsqueda. Las directrices de YMYL están en la página 11 de este documento: https://static.googleusercontent.com/media/guidelines.raterhub.com/en//searchqualityevaluatorguidelines.pdf

otorgado el derecho de realizar una censura planetaria para satisfacer tanto sus propios intereses como los de los otros dueños del planeta de quienes se alimenta.

La censura en YouTube

¿Cuántos miles de millones de cuentas ha cerrado YouTube desde la declaración de la *pandemia* de la OMS? Debido a su opacidad, es imposible saberlo. Tal vez los datos que publicó Facebook nos permitan hacernos una idea. La plataforma de Zuckerberg manifestó que había cerrado más de 1.300 millones de cuentas en tres meses (de octubre a diciembre de 2021)[9] y que tenía más de 35.000 trabajadores destinados a luchar contra la desinformación. A partir de esos datos podemos imaginarnos la sangría que hizo YouTube, cuya hipocresía fue aún más lejos, porque, mientras censuraba vídeos que cuestionaban la información oficial sobre el Covid, la directora ejecutiva de la plataforma, Susan Wojcicki, fue premiada por su defensa de la «libertad de expresión» por la organización estadounidense Freedom Forum Institute (abril de 2021).

Resulta llamativo que la propia plataforma sea una de las patrocinadoras del premio. Los organizadores de la ceremonia Freedom of Expression Award 2021 destacaron que su objetivo era «reconocer a las personas por sus valientes actos

---

[9] https://www.forbes.com.mx/facebook-1300-millones-cuentas-falsas-octubre-diciembre/

de expresión libre y sin miedo». Mis carcajadas las deben de estar oyendo desde sus respectivos Inframundos. Todas las entrevistas que me hicieron desde España e Hispanoamérica a raíz de las investigaciones realizadas para mi libro *La verdad de la pandemia* fueron censuradas en YouTube. Creo que solo permanecen dos o tres de las más de cien que concedí.

En marzo de 2021, la plataforma confirmó que en los últimos seis meses había eliminado más de 30.000 vídeos con «información falsa o engañosa» sobre las *vacunas* contra el coronavirus. La nueva «Santa Inquisición» solo apoya los mensajes coincidentes con los criterios sanitarios de la Organización Mundial de la Salud, según la portavoz de la compañía, Elena Hernández, a *Axios 10.* Es la primera vez que la plataforma publica datos sobre la eliminación de vídeos de esta temática y que reconoce que YouTube persigue este tipo de «información falsa» sobre las *vacunas.* Hay más de 800.000 vídeos eliminados por «información incorrecta» sobre el coronavirus desde febrero de 2020. Pero la persecución al crítico o al disidente no debe cesar nunca, y para que no haya errores es necesario crear —y actualizar— herramientas que permitan un seguimiento exhaustivo de los movimientos de los ciudadanos en las redes sociales.

YouTube también cerró las cuentas de los que ahora denominan «antivacunas», entre ellos el canal de Children's Health Defense Fund, la organización fundada por Robert F. Kennedy Jr., sobrino del presidente John F. Kennedy. Asimismo, la plataforma audiovisual ha cerrado el canal provida LifeSite.

Las alianzas en el reino de las sombras

> Todos los caminos me llevan al infierno.
> Pero ¡si el infierno soy yo!
> ¡Si por profundo que sea su abismo,
> tengo dentro de mí otro más horrible!
>
> John Milton

Seguro que a mis lectores no les sorprende que el gigante Google también ponga su granito de arena en la lucha contra el envejecimiento, ese combate tan fiero como contra natura con el que tanto disfrutan los dioses del planeta. Quizá porque ven que se les acaba el tiempo en el Olimpo de los Intocables y quieren alargarlo al máximo, o quizá porque, si controlas el tiempo, les parece que controlan la Vida y la Muerte de cada uno de nosotros. Que lo controlan todo. Cualquiera sabe qué es lo que se les pasa por la cabeza a estos señores cuando tienen un momento de paz… El caso es que, en 2013, Google —en concreto fue Larry Page— creó una empresa multimillonaria llamada Calico Labs dirigida a encontrar respuesta a uno de los mayores misterios de la humanidad: el envejecimiento. Como era de esperar, su principal ámbito de actuación es la manipulación genética. Y, como era de esperar también, su trabajo y sus resultados —si es que obtienen alguno— se mantienen en secreto. Incluso exigen firmar acuerdos de confidencialidad a los investigadores que invitan a sus conferencias[10].

---

[10] https://www.technologyreview.es//s/6573/el-dia-que-google-decidio-apostar-largo-plazo-para-luchar-contra-la-vejez

En Calico trabajan alrededor de cien empleados que han montado una especie de Arca de Noé de levaduras, gusanos y varias criaturas exóticas, como el ratopín rasurado, con las que hacen experimentos de manipulación genética para «entender el proceso del envejecimiento» y revertirlo. Lo más inquietante del caso es que nadie en la comunidad científica sabe lo que de verdad están haciendo en Calico, un secretismo que despierta sospechas, porque, al fin y al cabo, la empresa cuenta con una financiación extraordinaria y sus trabajos deberían darse a conocer. Así lo explica Felipe Sierra, director de la división de biología del Instituto Nacional sobre el Envejecimiento de Estados Unidos: «Queremos saber qué están haciendo para poder centrarnos en otras cosas o colaborar con ellos. Son una empresa de investigación, así que ¿qué investigan?»[11].

De lo que no hay duda es de que a los dueños del planeta les gusta desafiar a la Naturaleza. Y si es a costa del ser humano, que lo sea. Lo importante es llegar el primero a la cima. No se trata tanto de que la humanidad viva más años en un buen estado de salud, sino que algunos —ellos— *vivan para siempre,* un sueño que, según dicen, está más cerca que nunca de hacerse realidad[12].

De nuevo vemos cómo la ciencia se alía con el reino de las sombras para alejarnos de lo que en realidad somos y mantenernos esclavos de sus deseos, ambiciones y expectativas. No

---

[11] Ibíd.

[12] https://www.bloglenovo.es/la-lucha-por-conseguir-la-inmortalidad-estos-proyectos-retan-a-la-naturaleza/

en vano Calico se fundó un año después de que el magnate ruso Dimitri Itskov causara un enorme revuelo al crear su «Iniciativa 2045», un proyecto dedicado a averiguar la forma de encontrar la inmortalidad. Su plan tenía cuatro direcciones —cada cual más espeluznante que la anterior—, que podían resumirse en lo que se denominó el «Avatar Project»:

1. Crear un robot que pueda ser controlado por nuestra mente. ¿Por la mente de quién?
2. Trasplantar un cerebro humano en otro cuerpo. Se olvidan de que para que un cerebro trasplantado continúe funcionando deben mantenerse activas las conexiones neuronales y todas las vías que le suministran alimentos y energía.
3. Descargar un cerebro humano en un cerebro artificial... Sin comentarios.
4. Crear un cuerpo virtual, al estilo Matrix[13], y seguir como si tal cosa.

¿Acaso se han vuelto locos? ¿Cómo es posible que las mayores fortunas del planeta se dediquen a semejante despropósito y que compitan por ver quién es el primero que logra ser inmortal? No me cansaré de repetirlo: envejecer no es morir, y morir no es una enfermedad. Es un hecho de la existencia que nos recuerda que debemos ser humildes y aspirar a algo más que a amasar fabulosas fortunas y esclavizar a los humanos en el nuevo orden mundial que pretenden imponer.

---

[13] https://www.xataka.com/robotica-e-ia/iniciativa-2045-comienza-la-carrera-por-crear-un-avatar-que-nos-permita-ser-inmortales

El reino de las sombras que Larry Page y Sergey Brin crearon hace ya veinticinco años se extiende por el terreno de la Inteligencia Artificial, el totalitarismo, el pensamiento único —creado mediante algoritmos—, la censura, la guerra y la mentira. Se olvidan de que la Verdad siempre triunfa y aunque, como los dioses del Hades contemporáneo, nos amenacen con destruirnos eternamente si desviamos la mirada del camino marcado, el ser humano siempre conseguirá mantenerse fiel a su naturaleza. Aunque muera.

8
WARREN BUFFETT
EL ORÁCULO DEL MIEDO

Te advierto, quienquiera que fueres tú, que deseas sondear
los arcanos de la naturaleza, que si no hallas dentro de
ti mismo aquello que buscas, tampoco podrás hallarlo fuera.
Si tú ignoras las excelencias de tu propia casa,
¿cómo pretendes encontrar otras excelencias?
En ti se halla oculto el Tesoro de los Tesoros.
Hombre, conócete a ti mismo y conocerás
el universo y a los dioses.

(Inscripción en el *adyton* del TEMPLO DE APOLO en Delfos)

Situada a los pies del monte Parnaso, la ciudad de Delfos, a medio camino entre las ciudades de Corinto y Patras, albergaba un santuario dedicado al dios Apolo, al que los griegos acudían en peregrinaje para conocer su futuro. Los personajes más influyentes de la antigua Grecia preguntaban al Oráculo de Delfos —el más importante de la Antigüedad— sobre sus preocupaciones e intereses: ¿me conviene este pacto para que mis negocios tengan éxito? ¿Debo casarme ahora con esta mujer —o este hombre—, o es mejor esperar unos años más? ¿Saldrá bien el viaje que tengo previsto o es preferible posponerlo unos cuantos meses? ¿Quién ganará la guerra que acaba de declararse?...

A estas preguntas solo podían responder los dioses, aunque, lógicamente, se requería la participación de «intermediarias», que trabajaban como videntes profesionales y adivinaban el futuro observando el vuelo de las aves o las vísceras de los animales sacrificados.

En el santuario de Delfos, cuyos orígenes se pierden en la bruma de la mitología, la sacerdotisa entrenada desde niña para comunicarse con el dios Apolo, era la Pitia, que, sentada en un trípode de madera de laurel, ubicado en la zona más impenetrable del templo, el *adyton,* entraba en éxtasis cuando el dios Apolo le transmitía la respuesta a la pregunta que el peregrino había formulado.

La primera Pitia que actuó en el santuario de Delfos se llamaba Sibila, y algunos mitos cuentan que era hija del propio Zeus, que fue quien eligió la ubicación del Oráculo en lo que en la Antigüedad se consideraba el «ombligo» de la Tierra.

La fama del Oráculo de Delfos llegaba hasta Egipto y Asia Menor, y los reyes y mandatarios de las polis más importantes —a menudo en guerra— le consultaban al menos una vez en su vida. Incluso los intelectuales más reconocidos de la época, como Filipo II (rey de Macedonia), Pirro (rey de Épiro), Cicerón, Plutarco, Pitágoras o el mismo Sócrates, hablaban de las excelentes dotes adivinatorias de la Pitia del santuario de Delfos, en cuya entrada se leía la inscripción en oro «Conócete a ti mismo», una forma quizá irónica de decir que la verdadera sabiduría proviene del interior de uno mismo[1].

[1] https://historia-arte.com/obras/la-sacerdotisa-de-delfos

Los restos arqueológicos que se han encontrado indican que el Oráculo de Delfos ya debía de existir hacia el año 800 a. C. De hecho, en la *Odisea,* escrita por entonces, se cuenta cómo Agamenón, rey de Micenas, pregunta al Oráculo antes de dirigirse a Troya. La respuesta del dios Apolo fue que la guerra se desataría cuando los dos guerreros más distinguidos entre los griegos (Aquiles y Odiseo) se enfrentaran entre sí, como, en efecto, sucedió.

Miles de años después, el dios Apolo y la Pitia de Delfos han regresado a la Tierra encarnados en Warren Buffett —«el Oráculo de Omaha»—, quien, con un aspecto mucho más mundano, es venerado como el gran «adivino» de los mercados bursátiles. En el último año, tan turbulento como impredecible, ha vuelto a demostrar que sus dotes como augur no tienen igual porque este multimillonario —su fortuna asciende a los 118.000 millones de dólares— es el único del top 10 de los más ricos cuya riqueza ha aumentado en 2022 en 2.400 millones de dólares.

Este dato, sin duda, ha realzado su mítica figura, que sigue siendo la primera que consultan e imitan todos aquellos que desean convertirse en multimillonarios justo cuando el mundo sufre el azote de una gigantesca crisis —política, económica, energética y de suministros— que amenaza con devorarnos a todos.

El caso es que Warren Buffett acrecienta su fama como el «Oráculo de Omaha», ciudad del Estado de Nebraska en la que nació en 1930 y en la que reside desde 1958. Cerca de su casa se encuentran las oficinas de su *holding* financiero, Berkshire Hathaway, un megaconglomerado que es dueño —total o parcial— de las acciones de unos setenta grupos empresariales, algunos de ellos tan importantes y mundialmente famosos como American Express, Coca-Cola, Heinz, Johnson and Johnson, las petroleras Chevron y Occidental Petroleum, Apple, Verizon, Bank of America o Moody's Corporation, así como de un buen número de agencias aseguradoras[2].

---

[2] https://bolsa10.com/cartera-de-warren-buffett/

Nombre completo: Warren Edward Buffett
Nacimiento: 30 de agosto de 1930, Omaha, Estados Unidos
Nacionalidad: estadounidense
Estudios: Universidad de Columbia, Universidad de Pennsylvania, Universidad de Nebraska-Lincoln (Administración de Empresas) y Columbia Business School (Ciencias Económicas)
Ocupación: inversor, accionista y financiero. CEO de Berkshire Hathaway
Empresas relacionadas: Berkshire Hathaway
Patrimonio estimado: 118.000 millones de dólares (según *Forbes,* abril de 2022)

El talento innato de un especulador

La regla número 1 es no perder dinero.
La regla número 2 es no olvidar la regla número 1.

Warren Buffett

Los orígenes como inversor de Warren Buffett se remontan a los años cuarenta del siglo pasado. Su padre, Howard Buffett, trabajaba entonces como corredor de Bolsa y pronto se dio cuenta de que su hijo había nacido para las finanzas. A los once años, el pequeño Warren ya había decidido que de mayor quería ser millonario, así que, como la Pitia de Delfos, comenzó a entrenarse para aprender a anticiparse al futuro:

empezó *vendiendo chicles, refrescos y limonada,* y devorando las noticias sobre las cotizaciones diarias en la Bolsa, lo que le llevó a adquirir sus primeras acciones, por 38 dólares por acción —las vendió unos meses después por 40 dólares—, y a aprender dos lecciones fundamentales: la diferencia entre precio —«lo que pagas»— y valor —«lo que recibes»—, y que para obtener resultados extraordinarios es necesario tener paciencia, mucha paciencia...

Tras pasar una temporada en Washington —su padre era entonces congresista por el Partido Republicano—, Warren, que tenía catorce años, decidió volver a Nebraska para vivir con su abuelo y terminar sus estudios de secundaria. Había conseguido ahorrar 1.200 dólares repartiendo periódicos y los invirtió en la compra de varios acres de tierras de cultivo en su estado natal. A los dieciséis años entró en la Universidad de Nebraska, donde estudió Administración de Empresas (se graduó en 1950) y posteriormente en la Universidad de Columbia (Nueva York), donde hizo un posgrado en Economía bajo la dirección del profesor y escritor Benjamin Graham, autor del libro *El inversor inteligente,* publicado en 1949 y un auténtico *bestseller* en la época.

En 1958, Warren Buffett regresó a Omaha y fundó su primera empresa, Buffett Associates, gracias a la ayuda de familiares y amigos, y en 1961 —a los treinta y un años— realizó su primera gran compra: la compañía de productos para granjas Dempster Mill, que vendió dos años después y con la que ganó 2,3 millones de dólares. En aquel momento, Buffett Associates ya administraba 7,2 millones de dólares y tenía cerca de noventa socios repartidos por todo el país. Apenas cuatro años después, en 1967, Buffett adquirió la mayor parte de la empresa textil Berkshire Hathaway, un negocio mediocre que utilizó como vehículo de inversión, adquiriendo empresas de renombre pero que atravesaban una mala racha, una práctica que desde entonces ha utilizado y que, sin duda, ha dado sus frutos. Es lo que se conoce como *value investing* (inversión de valor), que en resumen consiste en buscar empresas sólidas, con renombre y trayectoria, pero que estén pasando por un problema pasajero que hace que el precio de sus acciones caiga: a largo plazo, el dinero invertido se recuperará con creces y los beneficios serán espectaculares[3]. El propio «Oráculo de Omaha» lo explica sin rubor alguno: «Lo mejor que nos puede pasar es que una gran empresa tenga problemas temporales. Queremos comprarlas cuando están en la mesa de operaciones».

El miedo generalizado como aliado

> Hay una guerra de clases, pero es mi clase, la de los ricos, la que la está haciendo… y, por cierto, vamos ganando.
>
> Warren Buffett

No hay duda de que Warren Buffett conoce bien los mercados financieros y es capaz de «controlar» el pánico que se instala en los demás cuando llega una época de crisis. De

[3] https://www.bbva.ch/noticia/biografia-de-warren-buffett-cual-es-su-estilo-de-inversion/

hecho, durante los dos largos años de pandemia, el multimillonario puso miles de millones a «trabajar», ya que, tal y como él mismo vaticinó en uno de sus numerosos «oráculos», este ha sido un «periodo ideal para los inversores: un clima de miedo es nuestro mejor amigo». Aprovecharse del miedo generalizado es su estrategia para enriquecerse, pues le permite realizar compras a precio de ganga. Durante la pandemia, algunas de sus inversiones fueron bastante más predecibles, como su apuesta por las farmacéuticas o por la tecnológica Apple.

Sin embargo, otras fueron contracorriente, pues salió de tres de los principales bancos de Estados Unidos[4]... Y, fiel a su estilo, algunas de las apuestas del oráculo —en una etapa en la que todos alababan con más devoción que nunca las energías verdes— contravinieron las tendencias, pues decidió adquirir activos gasistas de Dominion Energy, incluyendo el pago de 4.000 millones de dólares y la asunción de 5.700 millones de dólares en deuda de la compañía[5]. Siguiendo esta misma línea, convirtió a la petrolera estadounidense Chevron en su particular «joya energética», aumentando su participación en la compañía en 4.100 millones de dólares. ¿Quizá *sabía* que se avecinaba una guerra energética y de suministros? A fin de cuentas, estamos hablando del «Oráculo de Omaha», así que no debería extrañarnos... También amplió

---

[4] https://forbes.co/2021/09/29/actualidad/jugadas-de-buffett-en-pandemia-por-que-vendio-bancos-y-aposto-a-apple/

[5] https://masinversiones.com/en-que-invierte-warren-buffett-en-pandemia/amp/

su participación en Verizon, la operadora móvil más importante de Estados Unidos —tiene más de 80 millones de clientes—, a cuyas acciones el magnate confió 8.600 millones de dólares[6] en el último trimestre de 2020.

Dos años después, y en medio de la crisis energética provocada por la guerra de Ucrania, Buffett ha seguido apostando por el petróleo y el gas, adquiriendo el 50 % de Occidental Petroleum, cuyas acciones subieron un 92 % en los primeros seis meses de 2022. Y eso pese a que en agosto del año pasado el presidente Joe Biden firmó su Ley de Reducción de la Inflación, con la que se pretende impulsar las energías verdes para reducir las emisiones de gases de efecto invernadero[7]. La medida «desalienta la inversión en petróleo y gas», dicen los expertos en el sector, pero, como algunos analistas señalan, Buffett sabe que el futuro energético pasa por la captura de carbono y que Occidental Petroleum planea construir la planta de captura de aire más grande del mundo, lo que generará unos beneficios asombrosos en un futuro bastante cercano[8]. Está claro que el conflicto energético constituye una buena oportunidad para que unos pocos ganen dinero a costa del miedo de la mayor parte de la población, que no sabe cómo llegar a fin de mes ni cómo pagar el recibo de la luz y del gas.

---

[6] https://www.elespanol.com/invertia/mercados/20210217/buffett-apuesta-chevron-verizon-apple-despide-pfizer/559694397_0.html

[7] https://www.bolsamania.com/noticias/economia/ley-reduccion-inflacion-eeuu-consiste-implica--10500000.html

[8] https://www.estrategiasdeinversion.com/actualidad/noticias/bolsa-eeuu/seis-factores-por-los-que-warren-buffett-invierte-n-550015

Por si todo esto no bastara, el propio Buffett ha reconocido que paga menos impuestos que su secretaria. ¿Por qué? Porque sus negocios financieros están estructurados de tal forma que gran parte de lo que gana no está clasificado como ingresos. El problema real es que muchos de los instrumentos que rigen la economía financiera son lo suficientemente opacos, complejos e incomprensibles para la mayoría de los reguladores que algunos pueden sortear las leyes fiscales sin que nadie sepa cómo actuar. Y los reguladores no solo desconocen el modo de resolver la situación, sino que ni siquiera saben que sucede así[9]. Se trata de una forma de actuación en la sombra, enormemente compleja e incomprensible para la mayoría, que ignora —y, según la élite, ignorantes debemos seguir— que unos pocos manejan a su antojo y en su propio interés todos los recursos del planeta.

La última «sorpresa» que nos ha dado el ya legendario «Oráculo de Omaha» ha sido la adquisición de acciones —por valor de 4.100 millones de dólares— de la compañía TSCM, el primer fabricante de chips del mundo. Fundada en 1987 por el multimillonario taiwanés Morris Chang, la compañía fabrica los chips más avanzados que existen y que se utilizan en teléfonos inteligentes, computadoras, servidores, automóviles y equipos militares. Actualmente, TSMC está construyendo una planta de chips en Arizona —cerca de sus clientes de Silicon Valley— y planea levantar una fábrica en

---

[9] https://www.elconfidencial.com/alma-corazon-vida/2016-04-05/como-lograr-que-warren-buffett-pague-algun-dia-mas-impuestos-que-su-secretaria_1178713/

Japón, cerca de algunos de los principales fabricantes de automóviles y productos electrónicos del mundo. Y es que tanto Japón como Estados Unidos —también Europa— aspiran a tener fabricantes de chips en sus propios territorios por si una nueva pandemia o los conflictos geopolíticos provocan la interrupción de las cadenas de suministro[10]. Hay que prepararse para lo peor, esa es la idea, y Buffett lo sabe mejor —y antes— que nadie. De ahí su última apuesta. Está claro que para el «Oráculo de Omaha» el miedo mueve montañas y permite convertir en más ricos a quienes ya lo son.

La «caridad» de los multimillonarios

Hay quien afirma que buena parte del éxito del «Oráculo de Omaha» se halla en la «discreción» con la que vive. Como la Pitia del Oráculo de Delfos, se mantiene oculto en el interior de su templo, en su *adyton,* concentrado en sí mismo y sopesando los pros y los contras de su siguiente inversión, como quien juega al ajedrez y prevé cuál será el siguiente movimiento de su adversario. De hecho, Buffett es de esos millonarios que reivindican tiempo para pensar y que rechazan las agendas apretadas. Muchos lo describen como un hombre introvertido, incluso huraño, poco comunicativo e inestable emocionalmente. Esto último probablemente le vie-

---

[10] https://www.forbesargentina.com/millonarios/la-ultima-inversion-warren-buffett-cuatro-mil-millones-dolares-marcara-futuro-asi-su-apuesta-n24858

ne de su madre, a la que admiraba y temía a partes iguales, y quien marcó la complicada relación que Buffett siempre ha mantenido con las mujeres. En 1952 contrajo matrimonio con Susan Thompson, una activista por las cusas de los derechos civiles, el derecho al aborto y el control de la natalidad con quien Buffett tuvo tres hijos.

El matrimonio se rompió en 1977 y ella se marchó a vivir a San Francisco, desde donde siguió presidiendo y dirigiendo la Fundación Buffett, que ha contribuido con millones de dólares a promover la investigación médica y la «planificación familiar» en países del Tercer Mundo. Hasta el momento de su muerte (en 2004) por un cáncer de garganta, Susan y Warren siguieron muy unidos, e incluso ella marcó el camino de su exmarido al pedirle a una amiga, Astrid Menks, que siempre cuidara de él. Dos años después de la muerte de Susan, Astrid se convirtió en la segunda esposa de Warren.

Susan Buffett llegó a poseer el 2,2 % de Berkshire Hathaway, con un valor de 3.000 millones de dólares, y cuando se separó de su marido era la 153.ª persona más rica del mundo[11]. De nuevo nos encontramos con la tendencia filantrópica de los dueños del planeta. Eso sí, siempre con la idea de que hay demasiados pobres y que lo mejor es hacer desaparecer a unos cuantos. De hecho, desde su creación, la Fundación Buffett, que Susan presidió hasta su muerte, ha realizado importantes inversiones para subvencionar abortos, vacunas y

---

[11] Alice Schroeder, *La bola de nieve: Warren Buffett y el negocio de la vida,* Valor Editions de España, Barcelona, 2018.

anticonceptivos[12], una práctica similar a la que realiza la Fundación Gates.

Warren Buffett y Bill Gates se conocieron en 1991 y desde entonces han sido confidentes, amigos y socios. Los dos comparten la idea de que su éxito se debe fundamentalmente a su capacidad de concentración en el trabajo, ya sea el de comprar y vender acciones de empresas, el de «ofrecer» sistemas operativos aún inexistentes —como ocurrió con Microsoft—, o el de ayudar a «salvar el planeta» reduciendo la población. Así, en la década de 1990, la Fundación Buffett ayudó a financiar el desarrollo de la píldora abortiva RU-486 y, entre 2001 y 2014, contribuyó con más de 1.500 millones de dólares a causas relacionadas con el aborto, incluidos al menos 427 millones para la organización Planned Parenthood y 168 millones para la Federación Nacional del Aborto[13].

Me pregunto de dónde les nace a los dueños del planeta este afán por exterminar a los no nacidos y por volver estériles a las mujeres más pobres. Y luego lo llaman filantropía… ¿Es filantropía o eugenesia? Y, como todos sabemos, la hipocresía puede llegar a niveles extremos: cuando en 2004 Warren Buffett anunció que donaría el 99 % de su patrimonio a la Fundación que presidía su exmujer, el mundo pareció

---

[12] Karen Weise (30 de julio de 2015), «La familia de Warren Buffett financió secretamente una revolución de control de la natalidad», en https://www.bloomberg.com/news/articles/2015-07-30/warren-buffett-s-family-secretly-funded-a-birth-control-revolution, Bloomberg Businessweek.

[13] Ibíd.

volverse loco de agradecimiento y admiración. Poco después, en 2006 dijo que prefería que sus millones fueran a la Fundación Bill y Melinda Gates, porque creía que estaba mucho mejor asentada en los países en vías de desarrollo y que, por tanto, su dinero se usaría de manera mucho más eficaz[14] y llegaría a mucha más gente. Ellos se lo guisan y ellos se lo comen, mientras a los demás nos tratan de idiotas al «vendernos» sus grandes obras de exterminio como si fueran grandes obras de caridad.

Un oráculo para las élites

Nadie duda de que Warren Buffett, que actualmente tiene noventa y dos años, es mucho más discreto, austero y comedido que sus inmediatos competidores en el Olimpo de los Intocables. Vive en la misma casa que adquirió en 1958 (por 31.000 dólares, unos 250.000 de ahora) en un tranquilo barrio de Omaha; sus declaraciones suelen ser escasas y templadas, y nunca se le ha escuchado criticar directamente a otros multimillonarios. Su ley de vida son la frugalidad y la moderación, sin aspavientos ni salidas de tono. Le encanta la comida basura y los refrescos azucarados —consume varias Coca-Colas al día—, pero se mantiene en buena forma física y mental. Conduce su propio coche, no tiene guardaespaldas y, a pesar de que es dueño de la compañía de *jets* privados más grande del mundo (Netjets), nunca los utiliza. Incluso tiene el valor de leernos la

---

[14] Ibíd.

cartilla al hablarnos de su inmensa fortuna, ya que afirma que no cree en las dinastías de millonarios, sino en la igualdad de oportunidades[15]. Suponemos que 118.000 millones de euros dan para creer en cualquier cosa.

Quizá fue esa íntima convicción en la defensa de la «justicia social» la que le llevó en 1973 a adquirir un buen número de participaciones del emblemático *The Washington Post,* periódico que, gracias a su ayuda, pudo disfrutar de una estabilidad financiera necesaria para continuar su línea editorial. Recordemos que el medio se convirtió en una referencia nacional e internacional en los años setenta gracias a la publicación de los «papeles del Pentágono» y al escándalo que supuso el descubrimiento del «caso Watergate», que acabó con la carrera política del entonces presidente Richard Nixon —aunque no de su secretario de Estado, Henry Kissinger, el escudero fiel de David Rockefeller—. El «Oráculo de Obama» animó a la dueña y presidenta del periódico, Katherine Graham, a seguir adelante con la publicación de ambos reportajes, que dotaron al *The Washington Post* de una reputación de «periodismo brillante» que le ha acompañado hasta nuestros días.

Pero ¿cuál era la relación de Buffett con el conglomerado de medios de comunicación que poseía la familia Graham? El «Oráculo de Obama», a quien, como ya hemos dicho, no le gustan las «dinastías de millonarios», decidió comprar acciones del grupo Graham Holdings justo cuando este se encontraba en plena crisis financiera, siguiendo el estilo de inver-

15 https://www.eurekers.com/cursosbolsa/warren-buffett-curiosidades

sión —el *value investing*— que le ha caracterizado desde sus inicios. Berkshire Hathaway adquirió acciones por un total de 10,6 millones de dólares, posición que llegaría a valer más de 1.000 millones y que le hizo convertirse en el segundo mayor accionista de la compañía después de la familia Graham. La inversión de Buffett en el grupo de medios fue todo un acierto y llegó a obtener una rentabilidad anual del 16 %[16].

En total, el «Oráculo de Omaha» adquirió, de forma paulatina y silenciosa, un tercio de las acciones que la familia Graham puso en circulación en Bolsa. Conocía bastante bien el sector —tenía acciones de la revista *New Yorker,* del periódico *Omaha Sun* y unos años antes había sido el responsable de tirada del *Lincoln Journal*—, y con Katherine Graham le unía una buena amistad. La dueña del periódico se apoyó en los conocimientos financieros de Warren Buffett y este, gracias a ella, conoció a la gente más influyente de la política y la alta sociedad estadounidense[17].

Dijimos al principio del capítulo que al Oráculo de Delfos acudían los principales reyes y mandatarios del mundo helénico, que confiaban a la Pitia sus más íntimos deseos y preocupaciones para que el dios Apolo les diera una respuesta para emprender sus planes de conquista de otros territorios. El santuario, por tanto, era un centro de información clave en la época y, pese a tener el lugar connotaciones religiosas, lo que allí se dirimían eran fundamentalmente asuntos de Es-

---

[16] https://www.elconfidencial.com/mercados/2018-01-27/warren-buffett-washington-post-papeles-del-pentagono-watergate_1512213/

[17] Ibíd.

tado de gran envergadura. De la misma manera, miles de años después, el núcleo del poder político de la primera potencia del mundo (Washington y la Casa Blanca) buscaba —y lo sigue haciendo— los consejos del «Oráculo de Omaha», el mayor inversor de la historia de Estados Unidos —y, probablemente, del mundo—, un hombre capaz de convertir en oro todo lo que toca gracias a ese talento innato para las finanzas y la especulación bursátil.

Le gusten o no las dinastías de millonarios, lo cierto es que Warren Buffett no solo forma parte de la élite del poder que maneja los hilos que mueven el mundo, sino que sus «consejos», sus «oráculos» y sus «visiones de futuro» siguen marcando los movimientos de los más poderosos. Las finanzas de los demás, sencillamente, están en sus manos.

9
George Soros
De niño perturbado a perturbador desalmado

El hombre que se miente a sí mismo y escucha su propia mentira llega a un punto en que no puede distinguir la verdad dentro de él y, por tanto, pierde todo respeto por sí mismo y por los demás.

Fiódor Dostoievski

El dios griego Hermes, hijo de Zeus y de la pléyade Maya y considerado «mensajero de los dioses», protagoniza en la mitología griega numerosos episodios en los que hace uso de su astucia, de su ingenio y, en ocasiones, de sus dotes para el juego sucio para lograr sus objetivos. De hecho, en muchos mitos griegos aparece como el único dios —además de Hades y de Perséfone— que podía entrar y salir del Inframundo cuando le venía en gana. Desde muy temprano Hermes demostró una perspicacia y una habilidad para el engaño fuera de lo común; se escapó de la cueva en la que nació, robó los bueyes que su hermano Apolo guardaba a buen recaudo (lo negó posteriormente delante de su propio padre) y aprendió a sobrevivir aprovechándose de las debilidades de los demás. Por ello es considerado el dios de los ladrones y de los mentirosos; también del comercio y de los intercambios...

Un dios rápido que se movía con facilidad entre el mundo de las divinidades y el de los mortales —por eso se le llama «mensajero de los dioses»—, y que sabía encontrar grietas en uno y otro por las que deslizarse sigilosamente para imponer su voluntad. Hablamos de un dios complejo y multifacético, un todoterreno capaz de actuar en ámbitos muy diferentes: desde la guerra hasta la oratoria, pasando por los sueños, las actividades comerciales y diplomáticas, o el Inframundo. En resumen: contar con el apoyo de Hermes suponía una gran ventaja para cualquiera que deseara vencer en un conflicto o, simplemente, llegar a buen puerto cuando se desataba una tormenta.

Nombre completo: György Swartz (Soros)
Nacimiento: 12 de agosto de 1930, Budapest (Hungría)
Nacionalidad: húngaro
Estudios: Escuela de Economía y Ciencia Política de Londres
Ocupación: inversor, empresario
Empresas relacionadas: Quantum Fund, Soros Fund Management, Open Society Fundations
Patrimonio estimado: 6.700 millones de dólares (según *Forbes,* enero de 2023)

No hay piedad, no hay culpa

Ejemplos de astucia y de ambición hay muchos en nuestros días, pero ninguno tan extremo como el que ofrece George Soros, cuyos actos han demostrado al mundo que el Mal existe y se mueve entre nosotros desestabilizando naciones, financiando movimientos «revolucionarios», manipulando resultados electorales y apoyando causas —disfrazadas de «justas»— que atentan contra la esencia que, desde hace miles de años, nos define como seres civilizados: la Libertad y la Verdad. Posicionado frente a ellas se encuentra este nuevo Hermes del siglo XXI, un dios todoterreno, un buscavidas hábil y sin escrúpulos, un mago de la especulación financiera reconvertido en «filántropo progresista» y considerado el «donante más generoso del planeta», según la revista *Forbes,* que estima que su fortuna ronda los 8.600 millones de dólares.

Soros nació en 1930 en la ciudad de Budapest (Hungría) en el seno de una familia judía de origen asquenazí. Su primera mentira conocida es la que usó para sobrevivir a la ocupación alemana de Hungría: falsificó su identidad —toda la familia se hizo pasar por cristiana— para, en 1947, mudarse al Reino Unido. Cambiaron el apellido familiar, Schwartz, por el de Soros, palíndromo que en húngaro significa «sucesor designado» y en esperanto (del que el padre de nuestro protagonista era experto), «se elevará». A fin de cuentas, elevarse —es decir, volar— era una de las capacidades del dios Hermes, al que en las esculturas y pinturas griegas se representaba con alas en los tobillos.

Pero detengámonos un momento, porque resulta que el joven György Soros, antes de huir a Inglaterra, colaboró con los nazis para confiscar las propiedades de otros judíos durante la Segunda Guerra Mundial. Él mismo lo reconoció en una entrevista de 1998 en el programa televisivo *60 Minutes*[1], en la que aseguró que no se sentía culpable de aquellos actos: «No me arrepiento de ejecutar acciones inmorales donde no hay lugar para la culpa»:

PREGUNTA: Usted es un judío húngaro que escapó del Holocausto haciéndose pasar por cristiano.

SOROS: Así es.

PREGUNTA: Por lo que yo sé, usted iba con su protector, que juró que usted era su ahijado.

---

[1] https://mundo.sputniknews.com/america_del_norte/201801271075797007-entrevista-soros-60-minutos-moral/

SOROS: Cierto.

PREGUNTA: Usted confiscó propiedades de los judíos.

SOROS: Así es.

PREGUNTA: ¿Fue difícil hacerlo?

SOROS: No, para nada.

PREGUNTA: ¿Algún sentimiento de culpa?

SOROS: No, en serio. De hecho, es algo realmente divertido. Es lo mismo que ocurre con los mercados. Si no hubiera estado allí, por supuesto no me habría llevado nada pero, de todos modos, otro lo habría hecho.

Donde no hay lugar para la culpa… Soros intenta justificar sus actos ante los demás con el viejo argumento de *si no hubiera sido yo, cualquier otro lo habría hecho.* Esta es la forma de razonar de uno de los hombres más poderosos del planeta, que aprendió —siendo solo un niño— a sobrevivir despojado del menor principio moral.

Pero sigamos con su biografía.

Ya instalado en Reino Unido, Soros estudió Economía en la London School of Economics, una de las universidades más prestigiosas del planeta, especializada en la formación de líderes académicos y empresariales globales, tras lo cual inició su carrera empresarial en varios bancos tanto de Reino Unido como de Estados Unidos. En 1969 creó su primer fondo de inversión, Double Eagle —en 1973 pasó a llamarse Quantum Fund—, con el que consiguió el capital inicial necesario para constituir, un año después, su segundo fondo de cobertura, Soros Fund Management, que pronto se convirtió en una de las empresas de inversión más rentables del mundo: durante más de cuatro décadas obtuvo un rendimiento anual de entre el 20 % y el 40 %.

Quantum Fund era una herramienta de inversión —basada en los novedosos *hedge funds* (fondos de cobertura o de alto riesgo)— con la que los inversores privados o institucionales invertían el dinero en acciones, divisas y activos, especulando a lo grande, como en un casino. Quantum tuvo un éxito bestial. Y es que, según el hijo mayor de Soros, Robert, su padre intuía que el mercado entraría en ebullición cuando sufría fuertes dolores en la espalda[2].

Sean o no ciertas las capacidades adivinatorias del esqueleto del dios Hermes-Soros, lo que es indudable es que supo anticiparse a los devenires financieros de finales del siglo XX, cuando la riqueza ya no se obtenía mediante la producción de bienes, sino apostando en el parqué. Así, Quantum se especializó en aprovechar las distorsiones y los fallos detectables de los mercados tras obtener información privilegiada.

El 16 de septiembre de 1992, el magnate y su empresa decidieron apostar contra la libra esterlina —el contexto internacional situaba a la moneda británica muy por debajo del marco alemán—, lo que dio lugar al conocido «miércoles negro» de la Bolsa de Reino Unido. De hecho, muchos se refieren a Soros como «el hombre que provocó la caída del Banco de Inglaterra», es decir, del país que en 1947 le abrió las puertas y lo acogió cuando huyó de Hungría con su familia. Pero tampoco entonces hubo lugar para la culpa. Soros

---

[2] https://www.xlsemanal.com/personajes/20181104/george-soros-multimillonario-especulador-fortuna.html

era ya un ser sin conciencia, y su conocimiento de los mercados y sus numerosos contactos en Wall Street le permitían actuar sin necesidad de rendir cuentas a nadie. Ante la recesión que tarde o temprano llegaría al Reino Unido, él dio una orden escueta: «A la yugular». En efecto, la divisa británica se hundió y Quantum obtuvo unos beneficios de 1.500 millones de dólares[3], mientras que el Estado británico sufrió unas pérdidas de unos 3.400 millones de libras.

A partir de ahí, Soros, ya convertido en el mayor mago de la especulación, comenzó a expandir sus tentáculos por todo el mundo con el objetivo de crear un nuevo orden mundial basado en lo que él mismo definió como «fundamentalismo de mercado». Es decir, son las leyes del mercado las que mandan por encima de los Estados y de las soberanías nacionales; los países ceden su autonomía al poder económico global, y los ciudadanos y sus Gobiernos pierden toda capacidad de decisión —esencia de la democracia— porque son el mercado y los *mercaderes* como Soros los que en última instancia deciden por ellos.

Cuatro años después, el ataque de Soros fue contra el baht tailandés, un golpe que tuvo unas consecuencias devastadoras para las economías tanto del país asiático directamente afectado como de otros del entorno. La operación aportó unos beneficios a Quantum de 750 millones de dólares. Las críticas fueron numerosas y suponemos que para salvar su reputación Soros decidió no participar en las operaciones

[3] https://economipedia.com/definiciones/historia/george-soros.html

similares que se produjeron contra la rupia indonesia y el rublo ruso en 1997 y 1998, respectivamente. A fin de cuentas, es así como actúa Hermes. Se mueve con agilidad entre diferentes universos. Entra y sale del Inframundo con la misma facilidad con la que se pasea por el paraíso olímpico, aprovechando tanto la información privilegiada que obtiene de aquí y de allá, como su habilidad para mentir, que le permite situarse por encima de sus competidores para, al final, salir siempre vencedor y alzarse con el botín.

A día de hoy se calcula que la fortuna de George Soros supera los 8.300 millones de dólares. Su conglomerado financiero se extiende por todos los sectores clave de la economía mundial, como el transporte, los medios de comunicación, la energía, la salud, las finanzas... Y, a través de sus Comités de Acción Política (PAC), dona millones de dólares a las campañas presidenciales del Partido Demócrata estadounidense, apoyando a Barack Obama, Hillary Clinton y Joe Biden. De nuevo vemos cómo la alianza entre el poder económico y las élites políticas se convierte en el principal eje alrededor del cual se establece el control del mundo, una alianza que Soros ni siquiera se esfuerza por ocultar, pues habla de ella con total impunidad y desvergüenza.

En lo que respecta a su vida amorosa, sabemos que se ha casado en tres ocasiones, la última con la empresaria Tamiko Bolton, cuarenta años más joven que él. Se rumorea que, antes del enlace (2013), Soros tenía varias novias-amantes alojadas en el mismo edificio de Nueva York a las que visitaba con frecuencia y, obviamente, con suma facilidad. Tiene cinco hijos de sus dos matrimonios anteriores y sus separaciones siempre se han visto envueltas en la polémica. Por ejemplo, la actriz brasileña Adriana Ferreyr, su última novia antes de casarse con Bolton, acusó al magnate de malos tratos: supuestamente, a Soros le gustaba abofetearla y amagar con estrangularla cuando estaban en la cama.

UN LOBO CON PIEL DE CORDERO

Es evidente que a Soros nunca le han importado las consecuencias de sus actos. Es un lobo con piel de cordero que se pasea por la Casa Blanca, el Foro de Davos y el Parlamento Europeo como y cuando le viene en gana. Por algo tiene alas en los pies... A través de su Open Society Fundations (SOF), la red internacional que creó en 1979, el magnate financia a diferentes grupos de la sociedad civil para «promover la justicia, la educación, la salud pública y los medios independientes», tal y como figura en la web la compañía. Y sigue: «Open Society ha apoyado a personas y organizaciones de todo el mundo para fomentar la libertad de expresión, la transparencia, la rendición de cuentas en el Gobierno y la justicia y la igualdad»[4]. Habría que preguntarse qué entiende Soros por rendición de cuentas, justicia, igualdad y libertad de expresión, porque ya sabemos que el lenguaje de los dueños del planeta no es el mismo que usamos el resto de los mortales.

---

[4] https://www.opensocietyfoundations.org/newsroom/open-society-foundations-and-george-soros/es

Lo que está más que demostrado es que con una complejísima ingeniería económica, y sirviéndose de un sinfín de ONG, *think-tanks* y *lobbies,* Soros lleva años promoviendo la construcción de un mundo libre de fronteras con una visión ultraprogresista en lo político-social y ultraliberal en lo económico. Esa es su ideología. Llama la atención que desde la web de Open Society hablen del daño que hacen las ideologías en el funcionamiento de las sociedades contemporáneas y que, en este sentido, nombren a Karl Popper, profesor de Soros en la Universidad y fundador de la corriente epistemológica del falsacionismo o racionalismo crítico, que en última instancia viene a decir que «ninguna filosofía o ideología debe tener la última palabra sobre la verdad»[5]. ¿Sobre la *verdad?* ¿Cómo es posible que Soros se atreva a hablar de la verdad? Lleva décadas engañando y manipulando a la opinión pública para que se incline de su lado y defienda sus postulados... ¿Acaso él es el dueño de la verdad y nada ni nadie tiene derecho a replicarle?

Resulta estremecedor comprobar cómo un hombre que ha amasado su inmensa fortuna sobre la base del engaño y la especulación, que jamás ha demostrado ni un ápice de conciencia y remordimiento alguno, se arrogue el derecho de decirnos qué es la verdad. ¿Hasta dónde puede llegar la hipocresía y la doble —o triple— moral de este dueño del planeta? Nos trata como a borregos incapaces de pensar y de analizar por nosotros mismos, mientras él y sus hermanos divinos se alzan como «portavoces de la verdad». Su impudicia resulta aterradora.

---

[5] Ibíd.

Se estima que a día de hoy George Soros y su Open Society, cuyos tentáculos llegan a más de 120 países, han donado 32.000 millones de dólares a diversas causas «sociales» para impulsar el «progreso» del mundo. La entidad privada es una gigantesca red —cuenta con 1.800 empleados que trabajan en 35 países— que dispone de un presupuesto anual cercano a los 1.000 millones de dólares. Financia proyectos de inmigración, educación o sanidad pública y subvenciona organizaciones como Human Rights Watch o Amnistía Internacional. Y es que, claro, como cualquier divinidad que se precie, Soros está convencido de que tiene una misión, un propósito en la vida[6], y por supuesto, jamás renunciará a ella.

Veamos algunos ejemplos. Tras la caída del Muro de Berlín (1989), Soros invirtió centenares de millones de dólares en los países del antiguo bloque soviético para promover la sociedad civil y la democracia de corte liberal, una especie de «Plan Marshall» cuyo principal objetivo era financiar a grupos disidentes. Por ejemplo, envió a Hungría cientos de fotocopiadoras Xerox para difundir los boletines informativos de los movimientos clandestinos y proporcionó becas a decenas de estudiantes, entre los que se encontraba el carismático Viktor Orbán, ardiente defensor de la democracia —eso parecía entonces—, que pudo estudiar en Oxford gracias a la ayuda de Soros.

El magnate también hizo donaciones a Fidesz (Alianza de Jóvenes Demócratas), la organización estudiantil que Orbán

---

[6] https://www.xlsemanal.com/personajes/20181104/george-soros-multimillonario-especulador-fortuna.html

contribuyó a crear y que supuso el germen de su posterior partido político. Sin embargo, en la segunda década de 2000, Orbán le declaró la guerra al que fuera su mentor, a quien acusó de inundar Hungría de musulmanes en el marco de la llamada «crisis de los refugiados» (2015-2016), en la que miles de migrantes sirios llegaron a la frontera húngara. Haciendo caso omiso a las directrices de la Unión Europea, el Gobierno húngaro instaló una valla de 150 kilómetros para impedir el paso a los refugiados, que se vieron retenidos en la frontera. La Open Society de Soros apoyó los movimientos anti-Orbán que se sucedieron aquellos meses, ante lo cual el presidente húngaro, durante un mitin en Budapest, se refirió al magnate con estas palabras: «Estamos combatiendo a un enemigo que no opera a cara descubierta, sino de forma escondida; que no habla con claridad, sino que recurre a manejos e insidias; que no es nacional, sino internacional; que especula con el dinero; que carece de una patria, pero se considera el dueño del mundo»[7].

A finales de 2018, el Gobierno de Orbán prohibió a la Universidad Centroeuropea (CEU), fundada en 1991 por George Soros, impartir clases en Hungría El rector de la institución, Michael Ignatieff, declaró: «Esto no tiene precedentes. Una institución de Estados Unidos ha sido expulsada de un país aliado en la OTAN. Una institución europea ha sido expulsada de un Estado miembro de la Unión Europea»[8].

---

[7] Ibíd.

[8] https://www.lavanguardia.com/internacional/20181203/453321400977/ universidad-soros-presiones-orban-traslado-viena.html.

Estaba claro que el Gobierno húngaro se había convertido en el principal oponente de la globalista Open Society de George Soros, a quien muchos en su país de origen consideran un traidor que intenta sembrar la discordia en el seno de la propia Europa y que se ríe de sus antiguos compatriotas. Tanto es así que, en 2018 y con motivo de las elecciones parlamentarias, en las calles de Budapest y de las principales ciudades húngaras se colocaron cientos de carteles con la imagen de Soros sonriendo y este mensaje: «Que no sea el último en reír»[9].

Asimismo, es bien conocido que, a raíz de la desintegración de la Unión Soviética (1991), el milmillonario usó su «filantrocapitalismo» para influir políticamente en las políticas del Kremlin. Así, por ejemplo, en 2015 Vladímir Putin prohibió que la Open Society operara en territorio ruso, puesto que, según sus propias palabras, la «organización pone en riesgo la seguridad nacional».

Igualmente, se sabe que el magnate estuvo detrás de las denominadas «revoluciones de color», como la negra de Serbia en 2000, la naranja de Ucrania en 2004, la de los tulipanes de Kirguistán en 2005… y, sí, ¡la amarilla en Cataluña! De hecho, Soros se asentó en Barcelona, con su Open Society Initiative for Europe, cuando Artur Mas era presidente de la Generalitat (2012), para financiar, por ejemplo, las actividades del Diplocat (Consejo de Diplomacia Pública de Cataluña), el Barcelona Centre for International Affairs (CIDOB), o el Observatori DESC, organismo del que la alcaldesa Ada

[9] https://www.xlsemanal.com/personajes/20181104/george-soros-multimillonario-especulador-fortuna.html

Colau fue coordinadora. Su socio fundamental en Cataluña es Jaume Roures, quien, en 2017, y a través de los servicios informativos de La Sexta, se encargó de mostrar al mundo la «represión policial» ejercida sobre los radicales durante el referéndum ilegal del 1 de octubre de ese año.

Soros fue también el artífice-demiurgo de las «Primaveras Árabes», que supusieron la caída de dictadores como Hosni Mubarak, en Egipto; Muamar el Gadafi, en Libia, o Ben Ali, en Túnez, así como reformas gubernamentales de calado en países como Marruecos, Baréin, Siria, Omán o Jordania. En todas estas operaciones, Soros recibió el apoyo de las familias más influyentes del siglo XX, como los Rockefeller, y de organizaciones tan poderosas como el Club Bilderberg o la Comisión Trilateral, a la que pertenecen figuras fundamentales de la geopolítica mundial, como Henry Kissinger, Jimmy Carter o Zbigniew Brzezinski.

Asimismo, Soros promueve y sufraga la migración africana hacia Europa por el Mediterráneo, pues la Open Society es la empresa propietaria de los barcos Open Arms y Aquarius, y financia —indiscriminadamente— todos los proyectos de la ONG Médicos Sin Fronteras.

En Estados Unidos, su labor se ha visto entorpecida en más de una ocasión y, de hecho, no pudo evitar los mandatos de los republicanos George W. Bush (2001-2009) y Donald Trump (2017-2021) pese a su apoyo abierto y sin fisuras a organizaciones como el Black Lives Matter[10] y los movimien-

[10] Como expuse en *La Tercera Guerra Mundial ya está aquí,* ob. cit., a pesar de que los seguidores del Black Lives Matter devastaron en 2021

tos proaborto, feministas y LGTBI. También financió el intento de John Kerry de acceder a la Casa Blanca y fue uno de los primeros en respaldar la campaña de Barack Obama en 2008, aunque, según declaró el magnate tiempo después, «Obama fue quien más me decepcionó», sobre todo en el plano profesional, ya que esperaba que el expresidente le consultara en muchos asuntos clave, cosa que, al aparecer, Obama no hizo.

Desde un punto de vista ideológico, George Soros parece situarse a la izquierda en muchas cuestiones sociales —es partidario de la ampliación de la sanidad pública, por ejemplo—, pero, curiosamente, despierta recelos en muchos izquierdistas al estar a la vanguardia de eso que comúnmente se denomina «filantrocapitalismo», es decir, la inversión a gran escala por parte de ciertos ultramillonarios, como Bill Gates, Warren Buffett o Mark Zuckerberg, cuyo objetivo último es privatizar las políticas sociales y sacar provecho de las enormes ventajas fiscales que tienen las organizaciones benéficas, lo que repercute negativamente en las finanzas de los Estados en los que actúan. El caso es que Soros vive permanentemente en un

---

la ciudad de Minneapolis, incendiando los negocios y cientos de casas particulares para dejar la ciudad en ruinas, como en una guerra, esta «Revolución del Caos» fue apoyada públicamente por Michelle y Barack Obama, Bill y Melinda Gates, Bill y Hillary Clinton, además de, obviamente, George Soros. Tras aquellos actos de barbarie el movimiento anunció que el siguiente paso consistiría en desmantelar el departamento de Policía de Minneapolis para crear «un nuevo modelo de seguridad pública que realmente mantenga a salvo a nuestra comunidad», como manifestó a la CNN la presidenta del concejo municipal, Lisa Bender.

gran dilema: sus operaciones financieras —mediante los *hedge funds*— contribuyen a incrementar la desigualdad, e incluso son responsables de generar crisis económicas —como la de 2008— que arruinan la vida de millones de personas. En otras palabras: lo que convirtió a Soros en multimillonario al mismo tiempo atenta contra lo que supuestamente pretende conseguir con sus «obras filantrópicas».

Los tentáculos del dios del Engaño

Aun así, el globalismo de Soros no ha hecho más que empezar. Cada vez tiene más aliados y sus cinco hijos piensan continuar con su legado. Su estrategia consiste en crear ONG y otros movimientos civiles que actúan como armas para atacar a los Estados, desde los ayuntamientos hasta los Parlamentos federales. Para eliminar las barreras que impiden el acceso y el control de las riquezas de los países, Soros necesita destruir las leyes actuales y construir eso que él llama «sociedades abiertas» para implantar su globalismo y su totalitarismo financiero. De este modo, él decide lo que nos conviene, qué campañas debemos apoyar, a qué partidos debemos votar y qué medios de comunicación debemos ver, escuchar y leer para mantenernos, según él, «bien informados».

Esto explica por qué ahora, cuando Estados Unidos vive una polarización nunca vista, el magnate ha decidido entrar de lleno en la guerra por el control de los medios de comunicación adquiriendo, mediante el consorcio Latino Media Network, dieciocho radios en español que pertenecían a la cadena Televisa Univisión, con el objetivo de cambiar el signo del voto de los latinos estadounidenses[11] y hacer que apoyen al Partido Demócrata en las próximas elecciones presidenciales (2024). Como era de esperar, la operación, que ha recibido el visto bueno de la Administración Biden, ha provocado la reacción de los republicanos, que acusan al actual Gobierno de otorgar un trato de favor al magnate y a este de pretender manipular a la opinión pública. Es la táctica de siempre: me disfrazo de salvador y de filántropo y, desde esa posición, voy a por la construcción de ese nuevo orden mundial que solo yo y unos cuantos «amiguetes» del Olimpo de los Intocables controlaremos y en el que nos moveremos con total impunidad.

Pero la cosa no acaba ahí. Un estudio reciente —realizado por el Centro de Investigación de Medios[12]— denuncia que George Soros tiene vínculos financieros con, al menos, 253 organizaciones de medios de comunicación en todo el mundo, con las que consigue ejercer una influencia general sobre millones de personas. Como vemos, el magnate insiste en sus inversiones mediáticas para convencernos de que su ideología es la única válida. Entre las organizaciones que aparecen en dicho estudio destacan estas dos:

1. *Project Syndicate:* un gigante mediático global que publica artículos y columnas de opinión de «destacados polí-

---

[11] https://www.lapoliticaonline.com/usa/politics-us/los-republicanos-disparan-contra-soros-y-denuncian-que-compra-medios-para-evitar-el-giro-a-la-derecha-de-los-latinos/

[12] https://cdn.mrc.org/static/pdfuploads/PropagandaPowerhouse_Part1_FINAL.pdf-1670340182273.pdf

ticos, legisladores, académicos, líderes empresariales y activistas cívicos de seis continentes» junto a «más de 140 jefes de Estado». En la página principal de su web leemos: «Acercando las ideas más importantes del mundo a su audiencia»[13]. El informe contabiliza que estas opiniones se reprodujeron 20.393 veces en 156 países durante 2021. Para este fin propagandístico, la Open Society de Soros destinó más de 1,5 millones de dólares entre 2016 y 2020[14]. La temática incluía desde «el aborto hasta los bloqueos climáticos globales y el odio contra Israel». Este medio, que se autodenomina «La página de opinión del mundo», ejemplifica el extenso dominio de Soros en los medios globales. Es una gran maquinaria de propaganda desde la que este Hermes reencarnado difunde sus mensajes engañosos por todo el planeta.

De hecho, desde 1997 él mismo firma las columnas de «opinión» —en realidad, manipulación y divulgación de ideología globalista totalitaria— de la organización. Otros articulistas son el presidente ejecutivo del Foro Económico Mundial, Klaus Schwab, los exprimeros ministros británicos David Cameron y John Major, el presidente francés Emmanuel Macron, la excanciller alemana Angela Merkel, el exsecretario adjunto de Defensa de Estados Unidos, Paul Wolfowitz, y el exsecretario general de la OTAN, Javier Solana. En la enorme lista de colaboradores de Project Syndicate también aparecen

[13] https://syndication.project-syndicate.org/

[14] La OSF expone el dato de las subvenciones otorgadas en su web https://www.opensocietyfoundations.org/grants/past?filter_keyword=Project+Syndicate

los nombres de los principales CEO y directivos de las compañías tecnológicas más importantes del mundo, como Bill Gates (Microsof) o Sundar Pichai, director ejecutivo de Google.

2. *Instituto Poynter:* un «Ministerio de la Verdad Global», respaldado por Soros, cuya «Red Internacional de Verificación de Datos» se vende a sí misma como el «líder mundial del periodismo»; es decir, el «estándar de oro» que todos deben seguir. El proyecto se lanzó asegurando que se trataba de un centro de formación de periodistas contra las *fake news*. Mis lectores saben perfectamente lo que esto significa: un cuartel de entrenamiento para censores e inquisidores contra la libertad de pensamiento, de expresión y de prensa. Para el Centro de Investigación de Medios, el Instituto Poynter se ha convertido en un medio de comunicación de izquierda al que Soros donó 492.000 de dólares en 2020 —se desconoce la cantidad aportada en los años siguientes—. Las operaciones de censura de Poynter persiguen y restringen las opiniones sobre asuntos como el aborto, el transgénero, la Covid-19 y sus *vacunas,* o la familia tradicional. Los medios globales asociados, como Reuters, France Presse, *The Washington Post, Financial Times* —¡cómo no!— trabajan activamente con plataformas como Facebook, Instagram o Twitter (hasta la llegada de Elon Musk) para impulsar sus acciones de censura a los usuarios.

Por ejemplo, en diciembre de 2022 supimos que la Open Society de Soros está detrás de la operación de Twitter dirigida a censurar la escandalosa historia del ordenador portátil de Hunter Biden, en el que se encontraron cientos de correos electrónicos de contenido más que comprometido para su padre, el actual presidente Joe Biden. Los poderes globócratas, mediante el proyecto First Draft News (en manos de Soros), concebido para «luchar contra la desinformación», inmediatamente tacharon la noticia de *fake news*. Sin embargo, ni mucho menos se trataba de una información falsa, lo que ha quedado demostrado con la publicación de los «Archivos de Twitter» de Elon Musk, aparecidos gracias a los documentos internos publicados por el periodista y escritor Michael Shellenberger. Por si fuera poco, la exdirectora ejecutiva y cofundadora de First Draft News, Claire Wardle, participó, en octubre de 2020, en el simulacro[15] del Instituto Aspen titulado «La filtración de Burisma» (empresa ucraniana que el hijo de Joe Biden dirigió entre 2014 y 2019), cuyo objetivo era determinar cómo cubrirían los medios y las plataformas de comunicación la eventual filtración de la noticia del polémico portátil del actual presidente de Estados Unidos.

La aniquilación de la Verdad

A George Soros todo le vale para alcanzar sus fines. En este sentido, el informe realizado por el Centro de Investigación de Medios recuerda que el magnate ya avisó, en una entrevista al *The New York Times,* de que estaba «trabajando

[15] Se trata de un ejercicio similar al Event 201 de Bill Gates que expliqué en *La verdad de la pandemia,* ob. cit.

para doblar el arco de la Historia en la dirección correcta» que, por supuesto, es esa que él mismo denomina «Open Society» (sociedad abierta). Es decir, *abierta* al aborto, a la desaparición de la familia, a atacar a la mujer, a desfinanciar a la policía para erradicarla, y a los movimientos LGTB. Utiliza la máscara del periodismo para manipular a las personas y convertirlas en soldados de su revolución, esa que pretende destruirlo todo para volver a construir el mundo según su particular ideología. Como ya sabemos, todo tirano es un psicópata, y todo psicópata es un camaleón que se camufla magistralmente detrás de su máscara para mostrarse en público como una persona encantadora.

Como hemos visto, los tentáculos de Soros se extienden por todo el planeta. En Europa su influencia es escandalosa, pues ha logrado introducirse en las esferas más altas del poder político de la Unión. Si leemos los informes financieros anuales del Consejo de Europa, se observa que Open Society y Microsoft (Bill Gates) son los mayores donantes privados —690.000 millones de euros entre 2006 y 2014—, lo que, obviamente, hace que la institución pierda independencia y capacidad de reacción, tal y como denunciaba en 2020 Grégor Puppinck, director del European Center for Law and Justice: «Es sorprendente que una organización política intergubernamental sea tan permeable a las financiaciones privadas», algo que también ocurre en el Tribunal Penal Internacional, que en 2017 recibió importantes sumas de Open Society, la OMS y la propia ONU, cuyo presupuesto depende en un 80 % de las donaciones de los filántropos globalistas. «Este modo de financiación pone en duda claramente la independencia política de estas organizaciones», añadía Puppinck[16].

El control de las instituciones europeas por parte de la red de organizaciones que conforma la Open Society de Soros ha llegado a ser obsceno: «A numerosos dirigentes —continúa Puppinck— les gusta demostrar su proximidad a los señores Soros, padre e hijo [Alexander es el actual presidente de la organización]. Es el caso de Jean-Claude Juncker, antiguo presidente de la Comisión Europea, o de Michelle Bachelet, Alta Comisionada de las Naciones Unidad para los derechos humanos desde 2018, fotografiada en la toma de posesión de su cargo junto a George Soros y su hijo»[17]. O sea, que todos son «buenos amigos» y aspiran a lo mismo: privatizar y tiranizar los derechos humanos, la justicia y la democracia.

La estructura de poder e influencia de Soros difunde un mensaje único desde sus distintas plataformas, no solo pseudoperiodísticas, sino también políticas. Pocos saben que la red del magnate creó el bloque político Renovar Europa, del que forma parte, entre otros, el partido Renacimiento de Emmanuel Macron. A su vez, el magnate posee la Red Universitaria de la Sociedad Abierta, dirigida por Leon Botstein, que habla de la necesidad de construir «sociedades libres» atacando el orden político y social de los Estados para debilitarlos aniquilando la moral y las costumbres tradicionales.

---

[16] https://gaceta.es/actualidad/como-financian-el-consejo-de-europa-la-open-society-de-george-soros-y-microsoft-de-bill-gates-20201130-1303/

[17] Ibíd.

De modo que no nos engañemos: lo que George Soros pretende no es destruir la Unión Europea, como algunos señalan, sino infiltrarse en ella para controlarla y, como el gran titiritero que es, definir su rumbo. Su estrategia pasa por generar el caos civil en las calles, por destruir a las familias y por la creación de partidos y grupos políticos en todos los países del mundo para introducir su ideología revolucionaria, desestabilizar los Estados-nación y conquistar el mundo. Ahora bien, para conseguir imponer su visión globalista Soros necesita el marco «democrático» que ofrecen los organismos políticos internacionales. En este sentido, es como el caballo de Troya que los aqueos construyeron para entrar en la ciudad sitiada. Fue un simple engaño —y seguro que fue Hermes quien se lo susurró al oído a Ulises— el que permitió inclinar la balanza en la famosa guerra. Los troyanos interpretaron que aquel gigantesco caballo de madera era un signo de su victoria, sin saber que en su interior se ocultaban soldados enemigos. Estos, durante la noche, salieron del caballo, mataron a los centinelas y abrieron las puertas de la ciudad para permitir la entrada del Ejército griego, que finalmente resultó vencedor.

Este es el modo de actuar de los dueños del planeta. Se sirven del engaño y de la apariencia para introducirse en nuestras almas y arrasarlas, y crear sobre sus cenizas un nuevo orden mundial. Pero para el advenimiento de su reino es necesario erradicar previamente los vínculos naturales y civilizatorios de los seres humanos, desde la familia hasta las normas jurídicas garantizadas por los Estados.

George Soros está seguro de su triunfo e incluso *ya* saborea el éxito. Sin embargo, aún es pronto para cantar victoria. Antes de su coronación definitiva como *primus inter pares* tendrá que convencernos a todos de que vivimos en un apocalipsis climático, de que hay que despenalizar la droga y censurar a quienes no compartan sus opiniones. Sin embargo, no todos nos dejaremos engañar y somos muchos los que sabemos que su guerra de civilizaciones, su dogmatismo histórico y el supuesto cosmopolitismo de sus «sociedades abiertas» solo persiguen un fin, tan profundo como espurio: destruir nuestro ser, nuestra identidad. ¿Y por qué? Pues por ese viejo motivo que ha impulsado a todos los tiranos de la Historia. Pensemos un segundo: perdió su patria siendo un niño y nunca más logró recuperarla, hasta el extremo de que hoy es un proscrito en su Hungría natal. Además, perdió su alma cuando eligió el camino del Mal y optó por traicionar y aprovecharse del sufrimiento de sus compatriotas durante la Segunda Guerra Mundial. La patria y el alma son nuestra identidad, y Soros descubrió que el dinero no tiene potestad para comprar lo más esencial de la vida. Por ello, puesto que ni siquiera él —¡oh, gran divinidad!— tiene identidad, su tarea consistirá en aniquilar la de todos los demás.

Soros ha vivido como un bárbaro que arrastra la marca de una infancia desgraciada. Por mucho que intente convencernos de que su niñez fue divertida, el brillo tenebroso de sus ojos revela un dolor antiguo que ha perturbado su existencia desde que era un niño. Sin duda, la vida le golpeó duro y aprendió a sobrevivir erradicando la conciencia moral de su ser. Soros decidió no pensar en el Bien y en el Mal, aunque, por supuesto, hubo un tiempo en el que sí supo diferenciarlos. Pero no quiere recordar, no quiere pensar porque sabe que es un monstruo que no ha podido curar su propio sufrimiento. Por supuesto, tampoco curará el de los demás, por más que se presente ante el mundo de los mortales como un gran filántropo.

El máximo exponente de la especulación financiera y del poder de los mercaderes, tan huérfano de patria como de identidad, dedica su inmensa fortuna a defendernos de los peligros que nos acechan, ocultando que el mayor de todos es él. Pese a carecer de moral, se cree un nuevo mesías. Quizá por ello en 1991 publicó un libro titulado *Underwriting Democracy* («Cómo asegurar la democracia»), donde escribió: «Siempre he sido un egoísta declarado, pero el simple afán de enriquecerme es un objetivo que no termina de satisfacer mi henchido ego. Voy a ser completamente sincero: de niño ya albergaba unas fantasías mesiánicas desmesuradas. Tras triunfar en el plano material, me dije que ahora podía darme a mis fantasías... hasta cierto punto». Esas fantasías son los monstruos que provocó el sueño de la razón, el legado que Soros ha dejado al mundo actual. Aquel niño perturbado que, pese a estar ya en plena vejez, nos sigue lanzando su atrofiada luz de perturbador desalmado.

Como el dios Hermes, Soros se escapó, robó y sobrevivió, pero a costa de abandonar su alma en el camino. Desde entonces arrastra su condena: transitar por la vida sin conciencia y sin identidad. Su mala reputación se la ha ganado a pulso. Ahora parece que las críticas y la mala imagen le pesan en exceso e incluso reconoce que no le «gustan nada esas mentiras que corren sobre mí». Le cuesta aceptar que se ha convertido en el enemigo público número uno y echa en falta «tener más amigos»[18]. Pero que sus quejas lastimosas no nos engañen, porque podría haber elegido otro camino y, sin embargo, optó por «elevarse» sobre los demás mortales hasta convertirse en la encarnación del Engaño y de la Mentira con mayúsculas.

---

[18] https://www.xlsemanal.com/personajes/20181104/george-soros-multimillonario-especulador-fortuna.html

10
Rupert Murdoch
La seducción del poder no tiene edad

> Donde hay soberbia, allí habrá ignorancia,
> mas donde hay humildad, habrá sabiduría.
>
> Rey Salomón

Todos sabemos que, a Zeus, «padre de los dioses y de los hombres» y dios del Cielo y del Trueno, le gustaban las mujeres tanto o más que el poder. Entre sus numerosas conquistas destacan las humanas Sémele, Alcmena, Ío y Leda, y las diosas Leto, Deméter, Dione, Maya… y, por supuesto, Hera, su esposa, con la que tuvo ocho hijos. En la Antigua Grecia, Zeus era considerado el señor de los cielos, soberano del Olimpo y dios de la justicia y la clemencia; de ahí que no le temblara el pulso cuando llegaba la hora de castigar con su rayo a quien cometiese un delito en algún rincón de su reinado. En sus manos se concentraba todo el poder del Olimpo, lo que lo convertía en un dios temido y adorado a la vez. Traicionar a Zeus era impensable y por ello los demás dioses —y diosas— se arrimaban a él y lo adulaban. Su inmenso poder lo hacía irresistible.

El poder seduce. Y el poder absoluto seduce absolutamente. No es la misma frase que Maquiavelo hizo famosa allá por el siglo XV, pero se le parece, y estoy segura de que mis lectores me permitirán la licencia. El poder ha estado tan presente en la historia de la humanidad como lo estuvo el fuego y, de hecho, nos organizamos como sociedad alrededor de él. Pero ¿qué ocurre cuando ese poder se hipertrofia, es decir, cuando crece exageradamente? La respuesta la estamos viendo a lo largo de este libro, donde los ejemplos de «poder hipertrofiado» nos enseñan una verdad incuestionable: el ansia de poder no tiene límites y, aunque nos parezca mentira, los poderosos —tengan la edad que tengan— siempre buscarán nuevos territorios que conquistar, nuevos espacios donde estampar su sello y asegurarse de que el mundo y las personas que habitan en él les pertenecen.

Un claro ejemplo de esta ambición colosal lo tenemos en el ya nonagenario Rupert Murdoch, el magnate de los medios de comunicación que hizo suya la frase *la información es poder* y a quien, al parecer, si nos fijamos en su currículum amoroso, no hay mujer que se le resista. Nada grave ni novedoso: a fin de cuentas, lo mismo le pasaba a Zeus.

Nombre completo: Ken Rupert Murdoch
Nacimiento: 11 de marzo de 1931, Melbourne (Australia)
Nacionalidad: australiano-estadounidense
Estudios: Universidad de Oxford
Ocupación: empresario, inversor.
Empresas relacionadas: News Corporation, Fox Corporation
Patrimonio estimado: 17.900 millones de dólares (según *Forbes,* julio de 2022)

Los orígenes del imperio mediático globalista

Desde que Johannes Gutenberg inventó la imprenta de tipos móviles hacia 1450, el desarrollo de la comunicación y de la transmisión de información se convirtió en la mejor manera de conquistar y mantener el poder en todas sus manifestaciones. Controlar «el relato» significaba —y significa— controlarlo todo, una lección que Rupert Murdoch aprendió desde muy joven.

Murdoch nació en Melbourne (Australia) en 1931. Su padre, Keith Murdoch, era dueño del *holding* empresarial News Limited, que el joven Rupert heredó cuando solo tenía veinte años y que amplió adquiriendo varios periódicos australianos y neozelandeses. Sin embargo, para iniciar su expansión global se decantó por el Reino Unido, donde a finales de los años sesenta compró los diarios *The Sun* y *News of the World.* Posteriormente agrandó sus dominios por Estados Unidos, donde adquirió el periódico *San Antonio Express-*

News (en 1973), fundó la revista de cotilleos *Star* (en 1974) y se hizo con el diario *The New York Post* (en 1976).

Pero una divinidad educada para dominar el mundo sabía que aquello no era suficiente. Nunca es bastante para el dios del Olimpo. Había que ir a por más y demostrar que nadie podía superarlo ni en agresividad ni en voracidad. En 1984 —su imperio se llamaba ya News Corporation— compró el estudio de cine 20th Century Fox y, un año después, las estaciones de televisión en directo Metromedia, tras lo cual lanzó el canal de televisión Fox, que a los pocos años se convirtió en rival de las tres grandes cadenas estadounidenses (ABC, CBS y NBC). Puesto que el poder de Zeus-Murdoch para dominar las mentes del planeta no conoce fronteras, también adquirió el equipo de béisbol Los Angeles Dodgers, se hizo con los derechos de los partidos de más de veinte equipos de béisbol y baloncesto, y es dueño del Madison Square Garden. Por si fuera poco, a todas estas riquezas hay que sumar las casi ochocientas empresas que posee en cincuenta y dos países del mundo.

En su reino no se pone el sol. Rupert Murdoch es el astro divino que nos alumbra a todos, o, al menos, eso es lo que pretende… Pero, como ya hemos visto, no solo se trata de crear un imperio que tus hijos hereden cuando mueras, sino de marcar la dirección de la economía y de la política mundiales y, como un dios todopoderoso, hacerlo sin despeinarte. De hecho, los grandes conglomerados mediáticos comparten accionistas y miembros de sus consejos administrativos y de dirección con otras corporaciones, como bancos, fondos de inversión, compañías petroleras, médicas, farmacéuticas y tecnológicas, al tiempo que mantienen conexiones directas con la estructura de poder político global[1]. Por ello, la pregunta «¿quién manda en realidad en Estados Unidos y, por tanto, en Occidente?» es del todo pertinente y Murdoch, como un nuevo Zeus reencarnado, podría ser una respuesta válida. A fin de cuentas, el magnate fue educado para ser dueño del planeta —del Olimpo— y, de hecho, hasta que llegaron los ídolos de barro de los que hemos hablado en capítulos anteriores, nadie podía competir con él en el área de la comunicación.

Como acabamos de señalar, los vastos dominios del imperio de Rupert Murdoch se extienden desde Australia *(Herald Sun, The Australian)* hasta Estados Unidos (Fox, *The Wall Street Journal, Dow Jones, The New York Post),* pasando por Reino Unido (*The Times, Financial Times, The Sun,* BSkyB), España (Neox, *Expansión, Marca),* Italia (Sky Italia) o Francia (Reuters, *Les Echos).* La voz del magnate de los medios llega a todos los rincones del planeta y sus mensajes alcanzan a todos los mortales. Posee canales de cable, de radio, de cine, de televisión de pago y activos de satélite que operan en todo el mundo, por lo que es posible que en algún momento del día todos y cada uno de los habitantes del planeta recibamos sus consignas. Sí, ya lo sabemos: cuando el dios supremo habla, los demás callan y escuchan.

Pero todo poder precisa de una estructura de comunicación para mantenerse en el tiempo y reafirmarse. Y Rupert Murdoch no es solo uno de los miembros más destacados de la estructura de poder global, sino que, en sí mismo, es la

---

[1] Todas estas conexiones se analizan en mi libro *La Tercera Guerra Mundial ya está aquí,* ob. cit.

manifestación del *poder mediático*. Me explico: hay seis corporaciones que dominan el mercado de los medios de comunicación globales:

— Viacom-CBS (Estados Unidos)
— News Corporation (Inglaterra-Estados Unidos)
— NBC-Comcast-Vivendi Universal (Francia-Canadá-Estados Unidos)
— Bertelsmann (Alemania)
— Time Warner-AT&T (Estados Unidos-Inglaterra)
— ABC-Disney (Estados Unidos)

Entre los seis controlan el 70 % de la oferta comunicativa global[2]. Es un sistema comercial, pero también ideológico, porque son ellos quienes deciden qué tenemos que ver en televisión y qué debe ser silenciado y ocultado. Aunque pudiera parecer que hay cierto reparto de poder, lo cierto es que un solo hombre, Rupert Murdoch, mantiene un dominio por encima de los demás.

Como sucedió con la industria petrolera, de la automoción y del acero en el siglo XIX —con las familias Rockefeller, Carnegie, Morgan y Ford—, en el siglo pasado se creó una plutocracia global de la cultura, la prensa y la recreación[3], y

---

[2] Originariamente, eran pequeñas empresas que operaban dentro de sus fronteras nacionales, pero mediante alianzas y fusiones se han convertido en colosos transnacionales.

[3] Al inicio de la década de los años ochenta, en Estados Unidos menos de cincuenta compañías dominaban la mayoría de la producción de las industrias de cine, televisión, cable revistas, periódicos, radio y libros.

Rupert Murdoch se situó en la cumbre. No hablamos solo del valor económico de sus posesiones, síno de cómo y cuánto penetra su ideología —y sus mentiras— en nuestras vidas cotidianas. ¿Acaso es posible cuantificar esa invasión con cifras y porcentajes? En mi opinión, los números no sirven, aunque los elevados datos de depresiones y otras enfermedades mentales muestran con suma nitidez el daño que el terrorismo espiritual —el veneno psicológico de las mentiras mediáticas— causa en nuestras vidas cotidianas.

Como sabemos por los mitos de la Antigüedad, a Zeus le encanta jugar con los mortales. Confundirlos, despistarlos y desconcertarlos no solo es uno de sus pasatiempos favoritos, sino una manera de reafirmarse, de revalorizarse, de mostrarse por encima de los demás. Quizá por ello sus dos juguetes predilectos sean *Los Simpson* y *The Economist*. Mis lectores y yo nos reímos con ganas cuando la serie de animación —que se emite en la Fox y se comercializa en todo Occidente— narra acontecimientos que posteriormente suceden en la vida real. El equipo de guionistas de *Los Simpson* se sirve de la sátira para contar cómo los ultrapoderosos se reúnen en una sala —a espaldas del mundo— para decidir cómo será la próxima *pandemia* o cualquier otro tipo de catástrofe global, como la crisis climática. De este modo la serie nos cuenta cómo actúa la inge-

---

Al terminar la década, el número se había reducido a la mitad debido a las fusiones y a las adquisiciones. En la actualidad, solo han quedado seis. Además de la concentración, las otras peculiaridades de los medios de comunicación es su despliegue e integración global, así como su diversificación (empresas en teoría dedicadas a un sector que invierten en otros).

niería social, el control de masas y cómo los medios de comunicación manipulan y desinforman. En cuanto a *The Economist*[4], la legendaria revista británica —que juega a anunciar el fin del mundo conocido en sus portadas—, basta recordar la portada de 2019, en la que aparecían los cuatro jinetes del Apocalipsis acompañados de virus, de la ingeniería genética y de otros interesantes elementos que ya analizamos en su día[5].

Aunque no siempre aciertan en sus predicciones, *Los Simpson* y *The Economist* revelan los paradigmas de las grandes tensiones socioeconómicas que se generan entre el poder, los propietarios de los medios de comunicación y el público receptor de los mensajes que estos emiten. Y todo porque los canales de Murdoch, al igual que el resto de conglomerados, en lugar

---

[4] Zanny Minton es la editora jefe de *The Economist* desde 2015 y miembro de la junta directiva de The Economist Group. Minton aterrizó en el grupo de comunicación en 1994 directamente desde el Fondo Monetario Internacional. Ese mismo año, 2015, fue invitada a la reunión del Club Bilderberg, a la que desde la década de los ochenta asisten todos los editores jefe de *The Economist.* Respecto al resto de propietarios de la revista, según su web oficial, las acciones especiales «A» están en manos de accionistas individuales, incluidos Cadbury, Layton, Rothschild [lady Lynn Rothschild], Schroder y otros intereses familiares, así como una serie de colegas y exempleados. Las acciones especiales «B» son propiedad de Exor [familia Agnelli], que posee el 43,4 % del capital social total de la empresa, excluyendo las acciones fiduciarias. La dirección general de la empresa de la compañía se encuentra bajo el control del Consejo de Administración. Hay trece sillas en el Consejo. Véase en https://www.economistgroup.com/esg#esg-governance

[5] Véase *La verdad de la pandemia,* ob. cit.

de estar al servicio de la Verdad y de los ciudadanos —que es lo que deontológicamente deben hacer los periodistas—, se sirven a sí mismos y al poder. Su objetivo es dominar nuestro universo simbólico: consideran que la comunicación es de *su* propiedad y, por tanto, deciden su sentido, su función y su finalidad. Esta apropiación tiene unas consecuencias directas en los mensajes que se transmiten y, por consiguiente, en el comportamiento individual y colectivo de la ciudadanía. Dicho con otras palabras: el rayo de Zeus son los mensajes que el dios de dioses dispara contra nosotros para que los «herejes» no nos rebelemos.

Zeus detentaba el poder en el Olimpo no solo porque había demostrado más valor que los demás en las guerras, sino porque su gobierno se sostenía sobre un sistema de alianzas en el que el resto de los dioses se sentían compensados. Cada uno tenía su parcela de poder y actuaba sobre él. Por ejemplo, Poseidón dominaba el reino del Océano; Hades, el Inframundo; Dioniso, el Caos... Este equilibrio de poderes evitaba que los dioses se sintieran tentados de organizar conspiraciones para derrocar a Zeus, aunque, obviamente, el sistema no impedía que se produjeran tensiones entre las distintas divinidades. Ya hemos visto cómo la soberbia tarde o temprano les llega a todos... El imperio mediático de Rupert Murdoch también depende de ese mismo sistema de alianzas y, de hecho, News Corporation se relaciona con el resto de conglomerados —comparten accionariado y comercian contenidos— al tiempo que lo hace con entidades financieras y empresas de otros sectores. Este es el sistema que conforma la «RED-Estructura de Poder» que, en definitiva, ha desembocado en la dictadura neototalitaria del globalismo. Es decir, la plutocracia:

Interrelaciones entre Rupert Murdoch, sus grupos / medios de comunicación y otros sectores productivos

Vínculos con Bilderberg	Medios/grupos mediáticos (actuales y pasados)	Relaciones de Murdoch, sus medios y grupos con otros sectores productivos no mediáticos (actuales y pasados)
Asiste en 1988 Editores de *The Economist* en las reuniones de Bilderberg: – Rupert L. Pennant-Rea – Andrew Stephen Knight – John Micklethwait – Simon Jenkins – Adrian Wooldridge – Gideon Rachman – Vendeline von Bredow – Eduard McBride – Zanny Minton Beddoes Editor del *Financial Times* – Martin Wolf	**NEWS CORP.:** 21st Century Fox, *The Times, The Sun,* Dow Jones & Co., Barron's, *The Wall Street Journal,* News America Publishing, Reuters, *The Economist, Financial Times, Financial Times Deutschland, Asia Times, Les Echos,* Recoletos, *Marca, Expansión, El Cronista* (Argentina), *El Diario* (Chile), *Diario Económico* (Portugal), Sky TV, Thames TV, Pearson TV, Direct TV, Trolls Communications **Editoriales:** Penguin Random House, Simon & Schuster, HarperCollins **Agencia de publicidad:** Tremor International Ltd. (Israel) **Otros grupos y medios con relaciones, alianzas y vínculos:** – Rotana Media Group (era propiedad del jeque Al-Walid ben Talal, que pasó sus bienes al príncipe Mohammed bin Salmán) – Pearson – Vivendi – CBN – National Geographic	**Las familias de *The Economist:*** Rothschild, Cadbury, Shroeder, Agnelli **Fondos en su accionariado:** – E. L. Rothschild LLC – Bertelsmann Investments – The Vanguard Group, Inc. – BlackRock Institutional Trust Company, NA – Franklin Resources, Inc. – Pzena Investment Management, LLC – Harry Associates LP – Price (T. Rowe) – Associates, Inc. – Value Holding, LP – Yacktman Asset Management, LP – Morgan Stanley – Eagle Capital Management LLC – Dow Jones (1988-2000): Bancroft family, Bankers Trust New York Co., Bancone Co., Bank of East Asia, Capital Income Builder, Chemical Banking Co., Seligman Mutual Fund Investment Co., American Express, Hartford Financial Services Group. **Inmobiliaria:** REA Group Ltd. **Educación:** Amplify

Fuente: Elaboración propia. Cristina Martín Jiménez, «Interrelación entre el poder socio-político-mercantil y el poder mediático mercantil: el "Club Bilderberg" (1954-2016)», tesis doctoral, Sevilla, 2017.

Como podemos ven en esta tabla, con NBC, News Corp. es dueño de National Geographic y mantiene una alianza para colocar series en Internet y competir con YouTube. En febrero de 2010 compró el 10 % del capital del grupo Rotana, del príncipe saudí Al-Walid ben Talal que, a su vez, posee el 7 % de News Corp. y que pasó sus bienes al príncipe Mohammed bin Salmán. En enero de 2009 la Oficina Contable del Gobierno estadounidense informó de que News Corp. posee alrededor de 152 empresas en paraísos fiscales. El grupo que gestiona la división del negocio inmobiliario de Murdoch se llama REA Group Ltd. y opera en Europa, Asia y Estados Unidos. Otra empresa de News Corp. es Amplify, dedicada al ámbito de la educación. Por último, News Corp. participa en la Conferencia Anual Communacopia organizada por el banco de inversión Goldman Sachs desde hace veinticinco años, además, de estar altamente integrado en el Club Bilderberg.

Es evidente que los egos y las luchas de poder siguen hoy a la orden del día. Aun cuando las élites globalistas estén de acuerdo en mantener esa «RED» que les proporciona enormes beneficios económicos, sociales y de dominio, surgen disputas y tensiones permanentes que deben solucionar a corto plazo. Como señala el catedrático de Estructura de la Información Ramón Reig, Rupert Murdoch «tiene una dependencia importante respecto a los bancos. Como sus inversiones son cuantiosas, precisa del capital bancario [...]. A su vez, el magnate de la comunicación no es el propietario al 100 % de su negocio, sino que preside un consejo de administración al lado de otros socios, si no principales, sí relevantes. Este hecho limita a veces su capacidad de decisión. O, al revés, puede acelerarla»[6].

En efecto, las luchas de poder entre los dioses son constantes. Las alianzas de ayer y de mañana se rompen y hay que cerrar nuevos tratos. Para mantener el poder, Zeus-Murdoch ha de librar una guerra permanente incluso con sus cuatro hijos mayores, que son los herederos inmediatos de su imperio.

Un dios humillado

Durante años, Zeus-Murdoch y sus aliados han ocultado asuntos de gran trascendencia para el desarrollo político, económico y social del planeta. Sin embargo, esta forma de actuar quizá esté llegando a su fin. Los abusos siempre se pagan y la guerra desinformativa que nos han declarado desde la falsa *pandemia* ha dado lugar a un descrédito de los medios oficiales que ya no tiene vuelta atrás.

Puesto que *la información es poder,* los dioses han marginado a quienes teóricamente son sus principales protagonistas y destinatarios: los ciudadanos. Como si de un castigo divino se tratara, no dejan de censurar y de estigmatizar a quienes no nos sometemos a sus pensamientos y a su ideología. Y es que, claro, necesitan domesticar al rebaño para que se integre a su orden mundial sin que se produzcan rebeliones ni altercados, y lo hacen utilizando sus armas más eficaces: los medios de

[6] Ramón Reig, *Los dueños del periodismo. Claves de la estructura mediática mundial y de España,* Gedisa, Barcelona, 2011.

comunicación, los centros de enseñanza y la cultura popular. Pero esta estrategia —antes invisible para la mayoría—, empieza a ser un secreto a voces. Las personas inquietas se dan cuenta de que los medios no son neutros ideológicamente, sino que funcionan como instrumentos del poder económico por encima del poder político, ya que, de hecho, quien impone la agenda de los medios es el primero. En realidad, lo que les preocupa a las élites es que ya no les creamos. La televisión tiene una audiencia marginal; las personas verdaderamente libres ya no la encienden o solo lo hacen de manera puntual, un abandono que inevitablemente hará que, tarde o temprano, dejen de marginarnos y se incluyan contenidos que de verdad nos interesen.

Hasta ahora no había existido un contrapoder comparable al de las élites globalistas, pero está naciendo. Millones de personas empiezan a darse cuenta de que el sistema de comunicación actual está condicionado por unas manos interesadas en controlar su contenido. Y es que no hay un solo modo de ver el mundo, por mucho que algunos hayan convertido en irresponsable e incluso en «asesino» el pensamiento alternativo. El número de los que cuestionan el sistema crece cada día que pasa y el rayo de Zeus ya no es tan eficaz como lo fue en la Era de la Información, en la que reinaba cómodamente. Ahora ha comenzado la Era de la Verdad, en la que Zeus podría ser destronado. ¿Estará preparado? ¿Cuánto tiempo habrá de pasar para que el principal dios del Olimpo se encuentre cara a cara con la Verdad?

Veamos lo que ha sucedido en los últimos años, porque los tropiezos comienzan a ser llamativos.

Como hemos visto, Rupert Murdoch no solo se convirtió en uno de los hombres más ricos del mundo, sino que, además, parecía que nada ni nadie era capaz de manchar su reputación. Sin embargo, en 2005 estalló en Reino Unido el escándalo de las escuchas ilegales realizadas por el semanal *News of the World* (propiedad de News Corporation), a raíz de una información privada sobre el príncipe Guillermo. Dos años después, el diario *The Guardian* informó sobre el «pinchazo» al buzón telefónico de Milly Dowler, una niña de trece años que había sido secuestrada y asesinada en 2002, lo que provocó la condena de la clase política británica —siempre tan hipócrita— y de la opinión pública mundial.

El asunto se saldó en 2011, cuando Murdoch se vio obligado a cerrar *News of the World* (tras 168 años de historia) y a aceptar el requerimiento de la Cámara de los Comunes para ser interrogado. La investigación policial y judicial concluyó que el pinchazo telefónico era una práctica habitual del tabloide británico y varios periodistas del diario fueron arrestados, entre ellos su director, Andy Coulson, y el editor del rotativo, Neil Wallis, por espiar a unas 4.000 personas entre miembros de la familia real británica, famosos y familiares o víctimas de crímenes[7]. También se supo que varios agentes de

[7] Pincharon los teléfonos de actores, famosos y políticos, entre ellos, el entonces alcalde de Londres, Boris Johnson, los actores Jude Law y Gwyneth Paltrow, la modelo Elle MacPherson, el parlamentario y miembro del Club Bilderberg George Osborne, y el representante de la familia de Dodi al Fayed, el novio de Lady Di. Otros espiados fueron Gordon Brown, que luego fue primer ministro; la diseñadora Kelly Hoppen y el representante de deportistas Andrew Sky, entre 4.000 personalidades públicas.

policía habían recibido dinero del periódico a cambio de informaciones, lo que llevó a que el entonces jefe de Scotland Yard, Paul Stephenson, presentara su dimisión bajo la sombra del soborno[8].

Murdoch apareció empequeñecido ante la Cámara de los Comunes cuando tuvo que explicar la trama de la piratería telefónica, las 100.000 libras esterlinas gastadas en sobornos a policías y por qué dos personas a su sueldo habían sido encarceladas. Cuando tomó la palabra, el magnate hizo una pausa dramática antes de balbucear: «Este es el día más humillante de mi vida». Y claro que lo fue, porque al inicio de su comparecencia un hombre entró en la sala y le arrojó una tarta a la cara. Descender desde el Olimpo y poner los pies sobre la tierra estaba siendo más peligroso de lo que pensaba. Luego pasó más de dos horas tratando de convencer a los parlamentarios de que él era demasiado importante y estaba muy ocupado como para saber lo que sus subordinados hacían.

Como un mortal pidiendo clemencia a los pies del propio Zeus, repitió varias veces que se sentía avergonzado por los actos delictivos cometidos por *News of the World.* Incluso citó a su padre, al que recordó como un gran reportero que le legó su primer periódico y le instruyó para utilizarlo con buenos fines. En su defensa, el magnate insistió una y otra vez en que su situación jerárquica era demasiado alta como para conocer los errores éticos que se cometían en una de sus salas de redacción. Se trataba de una estrategia legal eficaz, pero la

---

[8] https://elpais.com/internacional/2011/07/07/actualidad/1309989604_850215.html

opinión pública británica lo condenó y, finalmente, Murdoch tuvo que cerrar el dominical sensacionalista más vendido de Gran Bretaña. Aquel día, el principal dios del Olimpo se sintió como un pobre mortal.

Todo parecía indicar que el escándalo se llevaría por delante la reputación del magnate, pero ni mucho menos fue así. Reconoció haber «fallado» al no detectar que las escuchas se estaban produciendo, pidió disculpas en un comunicado y, posteriormente, en 2012, decidió dividir su imperio mediático en dos compañías diferentes: por un lado, la prensa escrita —News Corporation— y, por otro, sus canales de entretenimiento y televisión —Fox Corporation[9]—. En realidad, lo que hizo fue echar la culpa de lo sucedido a la primera para salvar la sección más rentable de su imperio, que era la segunda. Una especie de «divide y vencerás» que, sin duda, le ayudó a continuar su nefasto camino en busca del control de la opinión pública mundial.

Y, en efecto, ahora sabemos que lo consiguió. Una década después de que su imperio amenazara con derrumbarse, en octubre de 2022, cuando ya casi nadie recuerda el escándalo de las escuchas ilegales, el magnate ha vuelto a ser noticia porque pretende recomponer su imperio mediático[10] uniendo las dos compañías —News Corporation y Fox Corporation— que diez años atrás salieron de aquel «divide y vence-

[9] https://www.rtve.es/noticias/20120628/escandalo-escuchas-divide-dos-imperio-rupert-murdoch/540403.shtml

[10] https://elpais.com/economia/2022-10-15/el-magnate-de-los-medios-rupert-murdoch-plantea-fusionar-news-corp-con-la-fox.html

rás» con el que trató de desviar la atención. Además, en febrero de 2021, en un golpe de efecto que nadie más podría dar, Murdoch obligó a los gigantes tecnológicos a pagarle por vincular su contenido a sus plataformas. Al parecer, ha llegado el momento de actuar y de volver a controlar directamente el mayor conglomerado mediático de la Historia. No olvidemos que quien controla el relato, controla el mundo.

El genio de la picaresca

A día de hoy se calcula que la fortuna de Rupert Murdoch ronda los 18.000 millones de dólares, cifra que le aleja de las primeras posiciones del *ranking* que publica anualmente la revista *Forbes*. Sin embargo, su poder es incuestionable. Lo vimos, por ejemplo, con el apoyo que Fox News dio a Donald Trump como candidato a la presidencia de Estados Unidos en las elecciones de 2017. Todo el mundo se refería a ella como la «cadena de televisión de Trump» y llegó a convertirse en el canal de noticias más visto del país. Durante años, Donald Trump y Fox News se retroalimentaban, hasta el punto de que muchos afirmaban que existía un paralelismo entre las informaciones que la cadena emitía por la mañana o la noche y los mensajes que poco después publicaba el republicano en Twitter. Asimismo, de Fox salieron algunos miembros del equipo de Donald Trump mientras este era presidente de Estados Unidos. Fue el caso de Heather Nauert, presentadora de la cadena, quien, pese a carecer de experiencia en política internacional, se convirtió en la portavoz del Departamento de Estado y en la cuarta persona más poderosa de la diplomacia estadounidense. Otros dos excomentaristas del grupo controlado por Murdoch también ocuparon posiciones destacadas en la Administración Trump: Mercedes Schlapp, como jefa de comunicación estratégica de la Casa Blanca, y Tony Sayegh, como portavoz del Tesoro[11].

Parecía que el idilio duraría eternamente, pero no fue así. Durante la noche electoral de 2020, Fox News optó por dar la espalda al candidato republicano al presentar como ganador a Joe Biden en el Estado de Arizona, mientras el resto de cadenas nacionales, en su mayoría «antitrumpistas», mantenían que dicho estado seguía en disputa y que el recuento de votos iría para largo. Durante varias horas, Trump miró atónito cómo la Fox (y nadie más) afirmaba que el triunfo era del demócrata, sabiendo bien que, sin el apoyo de la cadena, difícilmente podría impugnar un resultado reñido[12]. El idilio había terminado, pero ¿cuáles fueron los motivos reales de la ruptura? Hay quien habla de una relación sadomasoquista y muy tirante desde el primer momento, en parte porque Trump era un pozo sin fondo y nunca tenía suficiente, en parte por las contorsiones de la familia Murdoch —con Rupert a la cabeza— para los negocios.

No hay duda de que el magnate, desde un punto de vista ideológico, siempre ha sido conservador, pero sería un error

---

[11] https://elpais.com/internacional/2018/03/26/universo_trump/1522101231_942250.html#?rel=mas

[12] https://blogs.elconfidencial.com/mundo/mondo-cane/2021-09-12/trump-murdoch-libro_3282242/

pasar por alto su pragmatismo, que le asemeja más a un tiburón —siempre en movimiento y al acecho de su próxima presa— que a un león. De hecho, en los años noventa del siglo pasado, los diarios británicos de su propiedad cambiaron el «thatcherismo» por el «blairismo» cuando el magnate intuyó que los conservadores perderían el poder. Y no se equivocó: como si de un clan mafioso se tratara, Tony Blair se arrimó tanto a Murdoch que este acabó siendo el padrino de una de sus hijas y acercándose —¿quizá más de la cuenta?— a la entonces mujer de Murdoch, Wendi Deng[13].

El periodista estadounidense Michael Wolff, en la biografía de Donald Trump titulada *Fuego y furia,* resume bien la ambigüedad política de Murdoch: «No tiene una visión política estructurada ni creencias formales; lo suyo es más bien una aventura picaresca» para lograr sus objetivos. Yo creo que mi colega es demasiado condescendiente al definirlo como «un aventurero». En mi opinión, sería más acertado hablar de un mercenario que se vende al mejor postor. Un estratega capaz de cualquier cosa para obtener dinero y poder. En este sentido, en Estados Unidos se asegura que, tras las elecciones de medio mandato celebradas a finales de 2022, el magnate le habría dicho al exmandatario que no respaldaría ningún intento de regreso a la Casa Blanca y que su canal de noticias podría apoyar a un demócrata en su contra. Como dijimos al comienzo, tener a Zeus como enemigo no es una buena idea. Por algún motivo que, obviamente, se guarda para sí mismo, ahora considera que le sale más rentable dejar a Trump en la

---

[13] Ibíd.

estacada, pero mañana puede cambiar de opinión... Cualquier cosa puede ocurrir porque, aunque ya no le ría las gracias a Trump, la Fox se ha convertido en el azote de las políticas anti-Covid de la Administración Biden y de su escudero, el siniestro doctor Anthony Fauci.

Consciente de sus potestades, Zeus espera sentado en su trono mientras unos y otros le piden audiencia. Sabe que tarde o temprano todo el que quiera ampliar o alcanzar alguna parcela de poder acabará llamando a su puerta y le pedirá que le venda un espacio en alguno de sus innumerables canales de comunicación para manipular y condicionar los gustos y las opiniones de los consumidores. Zeus tiene un gran tesoro —valorado en 40.000 millones de dólares—, que es su poder para influir ideológicamente en el pensamiento y en los actos de los ciudadanos, y ese tesoro todos lo ambicionan.

Está claro que Murdoch no se casa con nadie. Poner y quitar presidentes parece divertir a este hombre que se mueve como un depredador sigiloso, siempre hambriento de dinero y poder, siempre al acecho y siempre preparado para asestar una puñalada cuando menos te lo esperas.

El seductor «irresistible»

Decíamos que Murdoch, como buen depredador en la sombra, no se casa con nadie..., aunque ¿quizá sería más preciso decir que se casa con todas? Así parece demostrarlo su currículum amoroso, digno del propio Zeus o del más irresistible donjuán que jamás haya pisado la Tierra.

Rupert Murdoch celebró su primer matrimonio en 1956, cuando tenía veinticinco años, y lo hizo con la azafata de vuelo Patricia Booker, con quien tuvo una hija. Apenas diez años después, la pareja se separó y Rupert, de treinta y seis años, conoció a la periodista Anna Torv, que entonces tenía veintitrés, después de que esta le hiciera una entrevista para el medio en el que trabajaba, que, por supuesto, era de su propiedad. Por aquel entonces, Murdoch era ya uno de los principales magnates de la comunicación y emanaba poder por todos sus poros. El matrimonio duró más de treinta años, hasta 1998, y tuvieron tres hijos: Elisabeth, Lachlan y James. Cuando se anunció la separación de la pareja, todo parecía indicar que se trataría de un divorcio «amistoso», pero se convirtió en uno de los más caros de la historia: Murdoch tuvo que pagar a Torv 1.700 millones de euros. Podemos suponer que la periodista se sentía despechada porque la cruda verdad era que, dos años antes de la separación, el magnate había conocido a la productora de cine de origen chino Wendi Deng, apodada «la tigresa», cuarenta años menor que él.

Wendi y Rupert se casaron en 1999 —poco después de divorciarse de Torv— y tuvieron dos hijas. En 2013 se separaron (Rupert tenía ochenta y dos años) y comenzó una «guerra fría» entre ambos en la que Murdoch llegó a difundir que su expareja le había sido infiel con otros hombres «más poderosos que él», como, por ejemplo, el expresidente británico Tony Blair[14]. Este ataque público provocó que Wendi recla-

---

[14] https://www.hola.com/actualidad/20220811215176/rupert-murdoch-vida-mujeres-divorcios/

mase sin éxito parte de la fortuna del magnate para ella y sus hijas, las únicas que no tienen voto en el consejo de dirección de la compañía familiar. No lo consiguió porque el magnate se había encargado de redactar un acuerdo prematrimonial para evitar desembolsar una suma millonaria si la relación con Deng acababa en ruptura.

Cualquiera pensaría que tres matrimonios y seis hijos son suficientes cuando se llega a los ochenta y cinco años… Pero no, las cosas no son así para la principal divinidad del Olimpo. Contra todo pronóstico, en 2016 Murdoch volvió a casarse, esta vez con la exmodelo Jerry Hall (la antigua mujer del cantante Mick Jagger y veinte años más joven que Rupert), de quien se divorció recientemente (agosto de 2022). Se cuenta que fue por *e-mail* como el magnate le comunicó a su entonces esposa su intención de separarse, decisión que, al parecer, según la versión más difundida, estuvo motivada por las desavenencias de la exmodelo con los hijos mayores de Murdoch[15], que también son los herederos de sus principales activos. No se sabe a ciencia cierta la cantidad de dinero que Hall se ha llevado en el acuerdo de divorcio, pero la cifra podría acercarse a los 100 millones de euros, además de dos mansiones, una en Inglaterra y otra en el sur de Francia.

¿Volverá a sorprendernos este Zeus reencarnado con el anuncio de una nueva conquista amorosa? Visto lo visto, dudo que nadie se atreva a poner la mano en el fuego, sobre todo teniendo en cuenta que, como ya sabemos, hay quien

---

[15] https://www.elnacional.cat/enblau/es/plus/hijos-magnate-rupert-murdoch-trama-oscura_782856_102.html

anda detrás del elixir de la eterna juventud y de la inmortalidad y, por supuesto, serán los dueños del planeta —y Murdoch es uno de los más poderosos— quienes lo disfrutarán.

Aun así, si antes llegara el día en que Zeus tuviera que regresar a sus dominios celestes, ¿qué pasará con su imperio? Ahora es su hijo mayor, Lachlan, quien ocupa el cargo de copresidente tras haber regresado, cuan hijo pródigo, de la intensa batalla que libró contra su padre durante años —no estaban de acuerdo en nada—. El fideicomiso familiar está repartido entre los cuatro hijos mayores, que no se llevan bien e incluso algunos ni siquiera se dirigen la palabra. El caso es que se avecina una guerra sanguinaria por el control de la terrible máquina de poder que Rupert Murdoch creó, extendió y perfeccionó hasta límites insospechados en el siglo pasado. ¿Quién se hará con el cetro y el rayo de Zeus? ¿Alguno de sus hijos seguirá sus pasos y llegará a controlar a la opinión pública como consiguió hacerlo su padre? ¿Seguimos estando en las manos del poder mediático globalista o, como todo parece indicar, las cosas están cambiando y se avecina una nueva forma de confrontar al poder?

Solo el tiempo nos dará las respuestas a estas preguntas, pero el presente nos indica que, en efecto, así será. De hecho, ya está siendo. Y es que, según los mitos antiguos, también Zeus perdió su poder.

Epílogo
De bestias y dioses

¿Qué es el infierno?
Yo sostengo que es el sufrimiento de ser incapaz de amar.

Fiódor Dostoievski

En la cosmogonía griega primero existió el Caos, el vasto y oscuro vacío del que miles de millones de años después surgió Gea, la Tierra. Este acto creativo solo fue posible gracias a la interacción de otra fuerza primordial: Eros —el Amor—, un motor de atracción y potencia generadora multidimensional que ordenó el Caos.

Pasaba el tiempo en la Tierra, al principio en armonía, pero la ambición de los dioses y de los hombres creció y comenzaron las guerras. «¡Tanto estruendo se produjo al chocar los dioses en combate!», narraba con pasión Hesíodo. Todos estaban ávidos de poder y, sobre todo, de gloria, pues esta les otorgaba el mayor tesoro al que aspiraban: la inmortalidad. Los «inmortales» que habitaban las nevadas cumbres del Olimpo juraban en vano que dominarían la Tierra para siempre. Pero polvo eran y en polvo de murales, libros y esculturas se convirtieron.

Sin embargo, hay cosas que perduran. La mitología griega, con su sofisticada conceptualización, nos ha legado los arquetipos que hemos rescatado en este libro para resaltar los rasgos más distintivos del carácter de estos hombres que se creen dioses, así como para describir la «misión» —erróneamente salvífica y contra natura— a la que creen estar llamados. Han construido sus tronos en la Tierra y han matado a Dios. Son bárbaros. Perpetran brutalidades sin límites. Su hambre de gloria es voraz, nunca están satisfechos y devoran a las mujeres, a los hombres, a los ancianos y a los niños. Cometen e instan a los demás a cometer asesinatos, adulterios, pederastia; a librar guerras y a caer en vicios y maldades de todo signo. Nos alarman y provocan miedo para divertirse. Nos anuncian un Apocalipsis en fascículos. Son maestros en el arte de la simulación y la ocultación y viven de la mentira, del engaño y de la trampa. Desean ver arder el mundo para reconstruirlo a su imagen y semejanza. Arrogantes y maliciosos, consideran a los seres humanos una manada de monos *hackeables* y sin alma. Estos tiranos se sienten tan seguros de su éxito que ya no se esconden como antaño. Ahora se pavonean y se exhiben como si fueran estrellas de *rock and roll.*

En su ilimitado afán de poder —y cegados por los avances tecnológicos que promueven— los dioses de hoy se han propuesto superar a los antiguos. No nos han preguntado si los queremos; dan por sentado que no solo debemos amarlos, sino que, cuanto más nos maltraten, más los necesitaremos, como si estuviésemos cautivos del síndrome de Estocolmo. Nuestros sentimientos, sueños y logros no les importan. Evitan pensar en el sufrimiento que causan a los demás, porque entonces tendrían que reconocer que son unos monstruos, las bestias en las que empezaron a convertirse cuando solo eran unos niños. Si el lector se ha fijado bien, habrá visto que todos tuvieron una infancia desgraciada, de ahí que sus mentes retorcidas y torturadas se reflejan en los ojos tristes desde los que nos miran.

Tiranos como Bill Gates, George Soros o Larry Fink se presentan ante nosotros, pobres mortales, bajo la premisa de «o yo o el caos». Se sirven del miedo para crear la ficción de un mundo catastrófico del que solo ellos pueden salvarnos. Se creen dioses y matan a Dios para ocupar su lugar. «La Tierra aún está a tiempo de evitar un resultado terrible», asegura Bill Gates[1] desde las alturas... Son los reyes del artificio. Hablan como dioses, pero son parásitos que se aprovechan de los inventos de otros. Roban, censuran, matan. Todo por mantener el poder. Quieren ser inmortales y dan rienda suelta a sus ambiciones insaciables. ¿Qué les queda por conseguir? Pues precisamente lo que tú y yo tenemos.

Ellos son la principal amenaza para la humanidad. Ni calentamiento global «provocado por el hombre», ni virus, ni pandemias. La humanidad ha sobrevivido mil veces a los mayores peligros y mil veces más lo hará. Pero ¿podremos sobrevivir al ataque constante de estos asesinos de masas? 15 millones de muertes entre 2021 y 2022 —y las que quedan— provocadas por un arma de laboratorio aderezada con terrorismo mediático y protocolos genocidas; las libertades y los derechos fundamentales gravemente conculcados, las mentiras, las depresiones, los asesinatos... Hemos comproba-

---

[1] https://actualidad-rt.com/actualidad/455075-tierra-aun-tiempo-evitar-resultado-terrible

do la falta de escrúpulos y de originalidad de estos falsos dioses que envidian la auténtica grandiosidad de los verdaderos héroes que han pisado la Tierra. Jamás lograrán superarlos, ni siquiera igualarlos. Todos anhelan la gloria y culminar una gran proeza que los inmortalice. Ser el Temístocles de la batalla de Salamina, el Teseo que mató al Minotauro, el Ulises de la guerra de Troya... Pero lo único que saben hacer es copiarse y robarse los unos a los otros. Y lo peor es que nos roban a nosotros. Son demonios contra demonios. Y nosotros estamos en medio de sus guerras y de sus deseos de implantar el totalitarismo global.

Para los dioses del siglo XXI, causar sufrimiento a los demás no es grave —lo consideran una simple travesura— y por ello aseguran que decretar, perfilar, diseñar y sentenciar nuestros destinos es «algo divertido». A Mark Zuckerberg le divierte crear una nueva religión: «Lo que importa no es qué queremos saber nosotros de la gente, sino qué quiere saber la gente sobre ella misma». Ya, claro, cuéntame más… A Soros le divierte recordar que robó a sus semejantes cuando era un niño durante el régimen nazi: «Las propiedades estaban siendo sustraídas… De todos modos, otro se las habría llevado». Bezos se considera demasiado rico para morir. Musk se define a sí mismo con estas palabras: «Reinventé los coches eléctricos y estoy enviando gente a Marte en un cohete, ¿creyeron que sería un tipo relajado y normal?». ¡Ah!, por cierto, el día de la inauguración de la reunión de Davos 2023, Musk lanzó un tuit en el que aseguraba que había declinado la invitación a asistir porque no lo encontraba *divertido*.

Simplemente, se decantan por el mal. Su moral es la de un psicópata. ¿Y qué ocurre con este tipo de seres? Que al no soportar el enorme peso de sus conciencias, necesitan compartirlo, por lo que te instan a que tú también seas un amoral, a que mientas, asesines, engañes, robes... Aquellos que han caído ansían arrastrarte con ellos al fango. Son sus pequeñas victorias miserables. Sus almas se creen compensadas con el daño que provocan. Al fin y al cabo, por muchos *jets* privados y mansiones en la playa que posean, son personas corrientes que, sencillamente, realizan actos maléficos.

Desde un punto de vista político, todos coinciden en el deseo de construir una gobernanza mundial —la nota discordante la pone actualmente Elon Musk—. Aparentemente compiten, pero hacen negocios juntos y persiguen el mismo objetivo: la consolidación de un sistema político, social y económico global que les beneficie y los mantenga en el poder. Y ni mucho menos hablamos de una dislocada teoría de la conspiración —como les gusta definirlo—, sino de la forma en que funciona el mundo en nuestra época. Juntos han creado un amplísimo repertorio de falsedad que confirma aquello de que *cuando estalla la guerra, la primera víctima es la verdad.* Sin mentiras nunca hubo —ni habrá— justificación para las guerras. A excepción de la guerra defensiva, que es la que hacemos los REBELDES. Pero nosotros no mentimos; combatimos con la Verdad como estandarte y hemos de continuar batallando para lograr que la mayor parte de la humanidad sea consciente, abra los ojos y vea la luz.

ILUMINANDO CONCIENCIAS

Nadie debe obedecer a aquel que no merece mandar.

CICERÓN

Tres siglos después de que Homero compusiera su *Odisea* (alrededor del siglo VIII a. C.), el general chino Sun Tzu escribió su famosísimo *El arte de la guerra* (siglo V a. C.), que nos ofrece una interesante lección: «El principal engaño que se valora en las operaciones militares no se dirige solo a los enemigos, sino que empieza por las propias tropas, para hacer que le sigan a uno sin saber adónde van». El recurso de la mentira por parte de las élites para obtener beneficios es tan viejo como el mundo. Pero ¿qué ocurre si las tropas descubren el engaño? ¿Continuarán siendo fieles al que creían un líder honesto y honrado?

Los nuevos «dioses» de los que hemos hablado en este libro saben que es más fácil engañar a toda una sociedad que a un individuo, de ahí que ofrezcan no la salvación personal, sino la de la humanidad entera desestabilizando comunidades y disolviendo los lazos que nos unen. Y, para conseguirlo, su arma principal es la mentira. Nos han prohibido el acceso al mundo de la Verdad. Desean que permanezcamos eternamente en el universo de las sombras, en el inframundo de Hades. Pero han cometido un error estratégico garrafal: se han olvidado de que es en los espacios abismales donde los humanos más aprendemos. Solo en la oscuridad aprendes qué es la luz.

Creían que, al fin, había llegado el momento que tanto ansiaban de implantar un nuevo poder invisible que convierte a la ciudadanía en indefensa porque ignora que vive sometida. Quienes manejan la información mediante la tecnología saben que es esencial que los usuarios sean consumidores pasivos de los productos que les ofrecen a través de la Red. Un usuario pasivo es el que consume información y la viraliza, pero no verifica las fuentes de las que surgen esos datos. Además, difunde opiniones creyendo erróneamente que son suyas, cuando, en realidad, lo único que hace es repetir una serie de consignas inducidas. Sin embargo, el inframundo *pandémico* ha abierto los ojos a millones de personas que han dejado de ser consumidores pasivos y se han convertido en ciudadanos activos[2].

Como dijimos en la introducción, la nueva plutocracia del siglo XXI no conoce límites. No hay reglas morales ni principios básicos, y llegar a lo más alto y mantenerse en la cima del Olimpo es su único afán. Pero tengo una mala noticia que darles: este planeta también es el mío, también es el tuyo. Y nuestro «contrapoder» ya ha comenzado a dar sus frutos.

En todas las sociedades siempre hay un contrapoder que se manifiesta de diferentes formas y con intensidad variable. Es una de las pocas leyes naturales de la sociedad, verificada a lo largo de la Historia, que afirma que donde quiera que haya dominación habrá una resistencia a la dominación, ya sea política, cultural, económica, psicológica o de cualquier otra índole[3].

---

[2] Contraponemos aquí los conceptos «consumidor» y «ciudadano» en su sentido griego clásico.

[3] Manuel Castells, en su artículo de 2008 titulado «Comunicación, poder y contrapoder en la sociedad red. Los medios y la política», entien-

Nosotros somos el contrapoder. Y también tenemos un arquetipo que nos define: el REBELDE que defiende y lucha por la libertad. Esa es la estirpe a la que pertenecemos. Somos los sublevados, los insurrectos, los subversivos, los insurgentes, los levantiscos, los contestatarios, los insumisos, los herejes, los indómitos... Somos los desobedientes.

Cada de uno nosotros es distinto de los demás. Todos somos únicos. Y así debe ser para que esta «guerra de guerrillas» triunfe. El movimiento de los rebeldes y desobedientes es el único genuinamente auténtico de entre todos los que ahora mismo están activos. También de entre los que se produjeron en nuestra historia reciente, como las «primaveras árabes», el 15M, el Black Lives Matters o el Friday for Future, promovidos y financiados por la plutocracia. Aunque las élites nunca han creído en nuestra astucia, estamos decididos a vencer. De hecho, ya estamos venciendo.

Sus mentiras ya no funcionan con nosotros. Se acabó la edad de la inocencia de Adán y Eva; hemos pasado a la edad de la conciencia, dando lugar a una nueva era de la Historia. Muchísimas personas han aprendido, al fin, que una declaración de *pandemia* es una declaración (encubierta) de guerra contra la ciudadanía; que los fondos de inversión son organizaciones terroristas; que los periodistas, los gobernantes, los filántropos, los científicos y los «expertos» mienten y atacan... También saben que entre los que se creen dioses no hay

---

de por contrapoder «la capacidad de los actores sociales para desafiar y finalmente cambiar las relaciones de poder, institucionalizadas en la sociedad».

líderes de verdad. Se caracterizan por la mediocridad y no quieren que nadie destaque, que nadie les desbanque. En su universo no cabe el liderazgo en su sentido auténtico. No son guías, ni pastores, ni sabios, ni benefactores; tan solo desestabilizan comunidades y sociedades lanzando sus iniquidades y destrozando la armonía mediante sus guerras de poder para alcanzar la cima. Su impudicia resulta repugnante.

En la mitología antigua se habla del castigo que siempre recibe quien se atreve a robar el conocimiento a los dioses auténticos. El titán Prometeo robó el fuego y fue severamente castigado por Zeus y torturado por un águila. Ahora bien, puesto que los plutócratas son criminales, los verdaderos dioses hemos de ser nosotros. Y puesto que es a nosotros a quienes ellos roban, matan, mienten, perturban y enloquecen, son ellos quienes recibirán el castigo, que estará en concordancia con el tamaño de sus crímenes.

Ya están siendo castigados. Que no les creamos, que diariamente nos rebelemos y no aceptemos sus distopias, que su riqueza haya disminuido en el último año de manera más que notable, que los señalemos con el dedo y los llamemos criminales en vez de adorarlos, que los denunciemos en los tribunales, en sus propias plataformas de comunicación, que no nos inyectemos sus venenos, que quienes se han *vacunado* se estén dando cuenta del engaño, que no nos creamos su estafa climática, que no les compremos ni sus *chips* ni sus coches eléctricos, que caiga la audiencia de sus programas de televisión, que protestemos en las calles, que pidamos justicia, que no nos callemos... Para unos seres tan soberbios y acostumbrados a que todos les obedezcan, esto es más que un humillante castigo. Pero aún no hemos terminado. Solo acabamos de empezar.

Yo seguiré contándoles a mis amigos, a mis lectores y a todo aquel que quiera ser libre que la historia que nos transmiten está llena de mentiras y de manipulación. Nos mienten acerca de quiénes somos los humanos y de qué trata la vida. Somos mucho más de lo que nos quieren hacer creer. Pensemos cada día más críticamente, ayudemos a los demás a salir del control mental que ejercen los medios y la ciencia «oficiales» y los políticos. Sigamos buscando y analizando información extramuros de la corriente principal y profundicemos más en teorías y fuentes independientes. Seamos ciudadanos de la *polis* y no consumidores pasivos de su inmundicia pseudointelectual. Como humanos, nuestra vida se basa en un frágil equilibrio entre la mente y el corazón. La mente quiere dominar, pero es el corazón el que nos libera de la mentira. «El único signo de superioridad que conozco es la bondad», dijo Beethoven. Y esa fue la principal lección que yo aprendí en el infierno. Estamos aquí para aprender a amar y buscar la unidad más allá de cualquier forma de separación.

Qué lejos están del amor, qué distantes de los verdaderos inmortales, como Zoroastro/Zaratustra, Trismegisto, Sócrates, Aristóteles… Se creen mejores que ellos, pero no les llegan ni al talón. Estas caricaturas de humanos creen que la inmortalidad es hacer perdurar el cuerpo en la Tierra para seguir disfrutando de sus fortunas y sus conquistas. Pero de ellos no quedará ni el recuerdo. Ya están muriendo quienes les precedieron, como David Rockefeller, Evelyn de Rothschild o Giovanni Agnelli, que acapararon titulares y posesiones en el siglo pasado. ¿Quién se acuerda hoy de ellos? ¿Quién se acordará de Bezos, de Musk, de Zuckerberg o de Buffett cuando mueran? Los que vengan detrás aplicarán la *damnatio memoriae,* les robarán sus creaciones (como ellos robaron a otros), gastarán su dinero y se colocarán nuevas medallas y coronas de laurel. ¿Alguien recuerda los nombres de los adoradores del becerro de oro? Sin embargo, Moisés perdura. Si esperaban otra cosa, se han equivocado de pleno.

De hecho, son muchos quienes hoy día ni siquiera los conocen. Los que sabemos de su existencia ni mucho menos los consideramos dueños del planeta, ni dioses, ni inmortales. No son más que ídolos de barro: los referentes y artífices de la civilización del mal y de la mentira. Morirán y no quedará nada de ellos. Sin embargo, lo que nos hace humanos siempre perdurará: las madres, las familias, los abuelos, el amor, la amistad... La Vida, en definitiva.

Elon Musk no es más que un provocador. Como hemos visto, al ebrio Dioniso le divierte convertirnos en monos felices e ir en contra de todo y de todos en su particular guerra a golpe de tuit. El «pobre» Soros, un hombre sin identidad, es como cualquiera de los protagonistas de *El mago de Oz:* un león sin valor, un hombre de hojalata sin corazón y un espantapájaros sin cerebro. Y qué decir de Bill Gates..., el tipo que se creyó más listo que los demás, el chico de la élite que se fue quedando sin amigos en el camino a la cima. Está demostrando que es un fraude. Ninguno prestó atención a lo que sucedía a su alrededor hasta que fue demasiado tarde, y es que se habían habituado a mirar el mundo y a los mortales desde la atalaya de su Olimpo y dejaron de enfocar sus ojos en lo pequeño.

Sin embargo, lo quieran o no, los «pequeños» —que somos muchos— en realidad somos grandes y nada ni nadie será capaz de evitar que cumplamos nuestro destino. La política hoy en día no es más que ingeniería social dirigida a crear un nuevo tipo de ser humano domesticado. El resto son pactos y alianzas con los que pretenden robárnoslo todo. Por ello, hoy más que nunca, defenderse es ser plenamente humano. Los auténticamente grandes son las almas que saben amar. Esa es la verdadera élite de la humanidad. Esos somos nosotros, incluso con nuestros errores y fallos. Jamás permitáis que os hagan dudar, porque el Amor siempre vence.

Si eres capaz de ver esto y de comprenderlo, ya habrás vencido en la guerra psicológica. Porque serás libre. Mientras tanto, aprendamos a ser pacientes y fieles. Hoy está en juego el futuro orden mundial. Seamos valientes de corazón y estrategas de mente. La ignorancia es para los cobardes. Ya has aprendido que cuanto más sabes, menos miedo tienes. Y que solo después de haber conocido el mal en profundidad, amas y eliges libremente el Bien con mayor fuerza. Mantén el alma en el cielo y los pies en la Tierra. De tu conciencia depende. De que sepas quién eres y el poder que tienes. Es tiempo de valientes. Aún quedan muchos a los que liberar. Nos queda mucho por hacer. Y no pararemos hasta la Victoria. Tu libertad es decir ¡NO! a la tiranía. Haz honor a tu alma rebelde y ¡desobedece!

Ultimus
Ríete

> Ríete de los sueños que yo, el soñador,
> hablo/río, porque creo en el hombre
> porque todavía creo en ti porque
> mi alma todavía anhela la libertad.
> No la vendí por un becerro de oro.
>
> Shaul Tchernichovsky

Me río de Bill Gates, de Rupert Murdoch, de Mark Zuckerberg, de Larry Fink, de George Soros…, esclavos de sus abominables riquezas e inventos, devotos del ominoso becerro de oro, atrapados en la locura del Hades. Me río de los que se presentan ante nosotros como «grandes salvadores», pero son incapaces de salvarse a sí mismos de su propia demencia. Sí, ríete de los arrogantes que aseguran que son «dueños de la ciencia», que hay que «educar al pueblo para que vote al líder correcto», que se está librando «una guerra de clases, pero es la mía, la de los ricos, la que va ganando». Ríete de Elon Musk, porque padece un «aprecio patológico por la verdad» y necesita «garantizar la libertad de expresión». Ríete de las bestias que manipulan con engaños tus sentimientos de amor y odio para que bendigas sus guerras.

Ríete de los bárbaros de espíritu envenenado por la soberbia, confundidos en su falsa superioridad y en su creencia de que son más listos que los demás y por ello han llegado más alto, más lejos, más profundo. Ríete de los errados que creen que nos han vencido. En su alterado estado de conciencia, los autoproclamados dioses del siglo XXI no atienden ni a verdades ni a razones. Han dejado de pensar y, como sanguinarias bestias, tan solo embisten. Su falta de autocontrol, el no poner límites a su codicia, los ha invalidado para amar.

Ríe con fuerzas, con ganas y con sensación de victoria, porque hemos levantado el telón de su espectáculo y ya conocemos su obra, cuyo título no es otro que *El reino de la Mentira.* Disfruta, porque le hemos arrancado el traje al emperador y está desnudo ante nuestros ojos. Mira cómo se pavonea en mitad de la plaza. No se percata de que nos estamos riendo a carcajadas.

Ríete de los toscos salvajes, porque ignoran que conocemos y amamos a las heroínas y a los héroes rebeldes que se enfrentaron a los dioses para salvar a la humanidad, reestablecer la libertad y evitar la esclavitud: Teseo y Ariadna, Prometeo, Electra, Pandora, Hércules, Odiseo, Atenea... Los dioses bárbaros de los que hemos hablado en este libro ignoran las lecciones que los rebeldes nos dejaron. ¿Qué saben ellos del verdadero poder?

Podrán declarar nuevas guerras, pandemias, lanzarnos virus y microbios, poner y quitar presidentes, hundir o levantar economías, arrasar países y empresas. Podrán activar su maquinaria mediática para *vacunarnos,* climatizarnos, exterminarnos o enfrentarnos en conflictos de géneros, de sexos, de identidades. Podrán llamarnos terroristas a los libres. Que hagan lo que quieran, porque yo volveré a ponerme en pie cada día, desobedeceré y seguiré riendo mientras camino hacia mi destino. Para mí, ellos no son ni serán nada más que el polvo que sacudo de mis sandalias. Hasta mi último aliento ejerceré mi rebeldía cotidiana en libertad. Ante órdenes y propuestas contra natura, yo siempre desobedeceré.

Ríete de ellos porque aprendimos el valor de la justicia después de que nos trataran injustamente. Ríe porque fue bueno que nos abandonaran, nos persiguieran, nos señalaran y nos quedásemos en la más absoluta soledad para dilucidar quiénes son nuestros verdaderos amigos. Solo sufriendo entendimos la importancia de la compasión hacia uno mismo y hacia los demás. La desgracia es mejor maestra que el éxito.

¿Te das cuenta ahora de que no eres tan débil como pensabas? Después del dolor que tanto te hizo sufrir, tu pobre espíritu se ha vuelto fuerte. Así que ríete, porque hemos logrado acabar con ese tiempo oscuro en el que la continuidad de la vida discurría como un minúsculo riachuelo oprimido por el muro del mal. Ríe porque has aprendido que es necesario descender al Inframundo para robar el conocimiento a los dioses. El dolor es esencial para sobrevivir. Nos enseña a apartar la mano del fuego y de las fauces de las hienas. Para ser flor, la raíz debe tocar fondo.

Ríete de tus temores porque ya son pasado. Temiste a algunos hombres, pero has logrado superar tu miedo. Ya no tienen poder sobre ti. Les hemos desenmascarado y ya no pueden ocultar sus obras, a través de las cuales hemos descubierto cómo son y cuáles son sus intenciones. Ríe porque después del fracaso de su *ellos contra nosotros,* sus elaborados planes se revelan como lo que siempre fueron: absurdos.

Por todo esto, ríe, sí, pero no olvides seguir combatiendo. No bajes la guardia, no abandones el sendero, no te distraigas, no abraces la mentira, no aceptes prebendas, no normalices el mal y aprende a confrontarlo con mayor ahínco y audacia. No acudas raudo a lo fácil, no te apresures en el viaje. Ruega que el camino sea largo, porque, si acaba pronto, muy poco o nada aprenderás ni de ti, ni del mundo, ni de quienes pretenden hacerlo suyo.

Pide cada día más pruebas, anhela atracar en nuevos puertos, no te reconfortes en rutinas que ya nada pueden enseñarte. Y nunca temas enfrentarte a ti mismo. Mírate al espejo, eleva el alma y celebra tu victoria: ¡estás viva! No han conseguido matarte. No han podido someterte. Brinda por tu destino en libertad mientras avanzamos juntos hacia las tierras altas iluminadas por el sol. ¿Lo ves? Los rayos ya están bendiciendo nuestra frente. Y a cada paso reímos a carcajadas, porque la risa no es solo un signo de inteligencia, sino de valor. ¡Ah! Y, además, reímos porque sabemos divertirnos de verdad.

* * *

Después de haberse convertido en el héroe de la Guerra de Troya —el caballo de madera que les dio la victoria fue una de sus argucias más célebres y audaces—, Odiseo regresó a Ítaca. Todas las experiencias —buenas y malas— que atesoró durante el largo y agitado viaje le revelaron sus fortalezas y debilidades. La travesía le enseñó a diferenciar entre aquello que tiene valor y lo que es inservible e insustancial. Todos los contratiempos, las caídas, los errores, los engañosos cantos de las sirenas, los fracasos, la muerte y la sangre lo volvieron más sabio y, cuando al fin regresó a su hogar y se reencontró con

Penélope y Telémaco, había aprendido quién era en realidad. Fue entonces cuando la inscripción que tiempo atrás había leído en el *adyton* del Templo de Apolo en Delfos se le reveló en toda su plenitud: «Si ignoras las excelencias de tu propia casa, ¿cómo pretendes encontrar otras excelencias? En ti se haya oculto el Tesoro de los Tesoros... Conócete a ti mismo y conocerás todo el universo y a los dioses». Y Odiseo rio a carcajadas pensando en que sin el sufrimiento que había vivido y superado no podría sentirse tan libre, sabio y vivo como se sentía en ese preciso momento. Y rio largamente porque, al fin, supo quién era en realidad.

Agradecimientos

Como siempre me ocurre cuando escribo esta parte del libro, acuden a mi mente miles de imágenes, frases, lágrimas, risas y sucesos. Imaginad cuántas anécdotas, encuentros y desencuentros he acumulado en casi dos décadas de trabajo como periodista de investigación y escritora. Bueno, mejor dicho, «hemos acumulado», porque sois miles los lectores que estáis a mi lado desde el principio de mi arriesgada aventura por la que me propuse desenmascarar a un clan de criminales sin alma ni moral.

Es por ello que siempre me acuerdo de vosotros: mis lectores, a quienes van dirigidos mis mayores agradecimientos. Sois ya cientos de miles los que me dais las gracias por mi combate, pero, como ya os he dicho en otras ocasiones, se trata de una gratitud recíproca porque al adquirir mis libros os convertís en mis mecenas y me hacéis un regalo enorme: sostener mi trabajo y permitirme seguir escribiendo y denunciando a estos sátrapas. Vosotros sois mi motor y mi inspiración. ¡La verdad se defiende en equipo!

Hablando de equipo, quiero subrayar la distinguida labor de todos los que componen el de Ediciones Martínez Roca

(Grupo Planeta), empezando por mi editora, Lola Cruz. Inteligente, trabajadora sin tiempo ni reloj, exigente para conseguir el mejor de mis libros posibles. Creo que confía en mí más que yo misma. La carrera de toda escritora precisa de una buena editora y tengo la suerte de que ella es la mejor. Gracias, Lola, a ti y a todo el equipo que diriges con gran talento: Javier Ponce, al que le toca jalearme en las semanas finales para que le entregue todo el libro a tiempo. Gracias por tu paciencia y por supervisar hasta el más mínimo detalle. Y gracias, Loida: tan rápida, experta y sensible que siempre captas lo que necesito en cada momento.

Completan mi equipo Laura Fernández, mi jefa de prensa, Sergio García Jáñez, mi jefe de marketing, y el director editorial de Espasa, David Cebrián. Tan profesionales como entusiastas, tan resolutivos como entregados por completo a mi obra. En 2023, y con la publicación de *Los dueños del planeta. Ellos contra nosotros,* cumplimos diez años trabajando juntos. Qué alegría y seguridad contar con todos vosotros. Ya, más que un equipo, somos una familia.

Quiero agradecer también el excelente trabajo de Manuel Miranda, mi *Community Manager,* que, además, es un buen amigo que siempre está cuando lo necesito.

Pablo, mi vida, gracias por calmarme, alegrarme los días y quererme tanto y tan bien. Eres el mejor compañero que jamás habría imaginado.

Y gracias a mis padres, mis hermanos, mis sobrinos, mis primas, mis titas, mi tita Rosa. Sois un regalo de los Cielos.

Don Enrique, gracias por reconectar trece años después de aquello. Es tu número favorito. Debería de haberlo imaginado.

Y a la hora del cierre final, siempre llego a la misma conclusión: es imposible nombrar a todas las personas que, de una u otra forma, me han acompañado en el caminar hacia mi destino. Lo importante es que vosotros y yo lo sabemos. Os estoy inmensamente agradecida.

¡Gracias, Hijas e Hijos del Cielo!
¡Viva la VIDA! ¡Viva la LIBERTAD!
No vamos a parar hasta la VICTORIA final.
Ya hemos ganado las más grandes e importantes batallas.
Ahora, ganaremos la guerra.
No os rindáis.
Os amo.

Madrid, 7 de febrero de 2023

Bibliografía

Debido a la gran cantidad de fuentes consultadas, ya sean hemerográficas, científicas, audiovisuales y bibliográficas, solo reproduzco algunas de ellas.

ALEF, Daniel, *The Gatekeepers: Sergey Brin, Larry Page and Google,* Titans of Fortune Publishing, Nueva York, 2011.

ASHLEE, Pasols, *Mark Zuckerberg: His Rise to Prominence and Decline,* edición independiente, 2022.

ASTIZ, Carlos, *El proyecto Soros y la alianza entre la izquierda y el gran capital,* Libros Libres, Madrid, 2020.

BALL, Matthew, *El Metaverso y cómo lo revolucionará todo,* Deusto, Barcelona, 2022.

BERNAYS, Edward L., *Propaganda,* Editorial Melusina, Tenerife, 2013.

BIRD, Kai, *The Chairman: John J. McCloy & The Making of the American Establishment,* Simon & Schuster, Nueva York, 1992.

BIRKINBINE, Benjamin J.; GÓMEZ, Rodrigo y WASKO, Janet, *Global Media Giants,* Routledge, Londres, 2017.

Bostrom, Nick, «The Future of Humanity», en Jan Kyrre, Berg Olsen, Evan Selinger y Søren Riis (eds.), *New Waves in Philosophy of Technology,* Palgrave McMillan, Londres, 2007.

Brandt, Richard L., *The Google Guys: Inside the Brilliant Minds of Google Founders Larry Page and Sergey Brin,* Portfolio, Nueva York, 2011.

— *One Click: Jeff Bezos and the Rise of Amazon.com,* Portfolio, Nueva York, 2012.

Brzezinski, Zbigniew, *El gran tablero mundial,* Paidós, México D. F., 1989.

Briggs, Asa y Burke, Peter, *De Gutenberg a Internet. Una historia social de los medios de comunicación,* Taurus, Madrid, 2002.

Buchter, Heike, *BlackRock: Ces financiers qui s'emparent de notre argent,* Massot Editions, París, 2020.

Buffett, Warren, *10 Golden Principles of Warren Buffett,* Prabhat Prakashan Pvt Ltd., Nueva Delhi, 2020.

Castells, Manuel, *Comunicación y poder,* Alianza, Madrid, 2009.

Castro, Juan Antonio de, *No solo es Soros,* IVAT S. L., Madrid, 2020.

Chomsky, Noam, *Requiem for the American Dream. The 10 Principles of Concentration of Wealth & Power,* Seven Stories Press, Nueva York, 2017.

Clark, David y Buffett, Mary, *La cartera de acciones de Warren Buffett. En qué, cómo, cuándo y dónde invierte el maestro de maestros,* Gestión 2000, Madrid, 2021.

COLEMAN, Peter, *The Liberal Conspiracy. The Congress for Cultural Freedom and the Struggle for the Mind of Postwar Europe,* Free Press, Nueva York, 1989.

CONNORS, Richard J. (ed.), *Warren Buffett on Business. Principles from the Sage of Omaha,* Wiley, Londres, 2009.

CRAINER, Stuart, *Negocios al estilo de Rupert Murdoch. El magnate de la comunicación,* CECSA, México D. F., 2000.

CROWLEY, David y HEYER, Paul, *La comunicación en la Historia. Tecnología, cultura, sociedad,* Bosch, Barcelona, 1997.

CURRAN, James, *Medios de comunicación y poder,* Editorial Hacer, Barcelona, 2005.

DAVENPORT, Christian, *Los señores del espacio: Elon Musk, Jeff Bezos y la cruzada para colonizar el universo,* Deusto, Barcelona, 2019.

DAVIES, Nick, *Hack Attack: The Inside Story of How the Truth Caught Up With Rupert Murdoch,* Farrar Straus & Giroux, Nueva York, 2014.

DELMOITIEZ, Julien, *Elon Musk. A New Vision for the World,* Kindle Ausbage, 2023.

DOMHOFF, G. William, *Who Rules America? Power, Politics & Social Change,* McGraw-Hill, Nueva York, 2005.

ECKARD, Steven, *Bill Gates: biografía de un filántropo y leyenda de los negocios,* edición independiente, 2020.

ESPINO SÁNCHEZ, Germán, *El nuevo sistema de medios en el México del siglo XXI,* Fontamara, Universidad Autónoma de Querétaro, Querétaro, 2020. En https://doi.org/10.13140/RG.2.2.29606.14404

FAZIO, Carlos, *Terrorismo mediático. La construcción social del miedo en México,* Debate, Barcelona, 2013.

FOUCAULT, Michel, *Un diálogo sobre el poder y otras conversaciones,* Alianza, Madrid, 2000.

FRENKEL, Sheera y KANG, Cecilia, *Manipulados. La batalla de Facebook por la dominación mundial,* Debate, Barcelona, 2021.

GATES, Bill, *Cómo evitar un desastre climático,* Plaza y Janés, Barcelona, 2021.

GOLDSTEIN, Margaret J., *The Genius of Google. How Larry Page, Sergey Brin, and a Search Engine Changed the World,* Lerner Publications, Mineápolis, 2022.

GUINSBERG, Enrique, *Control de los medios, control del hombre: medios masivos y formación psicosocial,* Plaza y Valdés, México D. F., 2005.

HERMAN, Edward S. y MCCHESNEY, Robert W., *Los medios globales. Los nuevos misioneros del capitalismo corporativo,* Cátedra, Madrid, 1999.

HOPE, Bradley y SCHECK, Justin, *Blood and Oil. Mohammed bin Salman's Ruthless Quest for Global Power,* John Murray Publishers, Nueva York, 2021.

HOROWITZ, David, *The Shadow Party. How George Soros, Hillary Clinton, and Sixties Radicals Seized Control of the Democratic Party,* Thomas Nelson, Nueva York, 2010.

HUBBARD, Ben, *MBS: The Rise to Power of Mohammed bin Salman,* William Collins, Nueva York, 2021.

INFLUENTIAL INDIVIDUALS, *Warren Buffett: The Life, Lessons & Rules for Success,* edición independiente, 2017.

JACKS, Nilda, «La identidad cultural como mediación simbólica», *Comunicación y Sociedad,* núm. 18-19, mayo-diciembre de 1993, págs. 17-32.

JONES, Eric, *Mark Zuckerberg. A Biography of the Facebook Billionaire,* edición independiente, 2017.

KAI-FU LEE, *Superpotencias de la inteligencia artificial: China, Silicon Valley y el nuevo orden mundial,* Deusto, Barcelona, 2020.

KELLY, Jason, *The New Tycoons. Inside the Trillion Dollar Private Equity Industry That Owns Everything,* John Wiley & Sons, Nueva York, 2012.

KIERNAN, Thomas, *Citizen Murdoch. The Unexpurgated Story of Rupert Murdoch: The World's Most Powerful and Controversial Media Lord,* Dodd Mead, Nueva York, 1986.

LASSWELL, Harold D. y KAPLAN, Abraham, *Power and Society. A Framework for Political Inquiry,* Yale University Press, New Haven, 1955.

MACGREGOR, J. R., *Bill Gates. The Man Behind Microsoft. A Look at the Man Who Changed the World We Live In,* CAC Publishing, Nueva York, 2018.

MARTÍN JIMÉNEZ, Cristina, *El Club Bilderberg. Los amos del mundo,* Arcopress Ediciones, Córdoba, 2005.

— *El Club Bilderberg. La realidad sobre los amos del mundo,* Absalón Ediciones, Cádiz, 2010.

— *Perdidos. ¿Quién maneja los hilos del poder?,* Ediciones Martínez Roca, Barcelona, 2013.

— *O Clube Secreto dos Poderosos,* Matéria Prima, Lisboa, 2015.

— *Los planes del Club Bilderberg para España,* Ediciones Martínez Roca, Barcelona, 2015.

— *Los amos del mundo al acecho. ¿Uruguay en la agenda del Club Bilderberg?,* Planeta, Montevideo, 2015.

— *Los amos del mundo están al acecho. Bilderberg y otros poderes ocultos,* Ediciones Martínez Roca, Barcelona, 2017.
— «Interrelación entre el poder socio-político-mercantil y el poder mediático mercantil: el "Club Bilderberg" (1954-2016)», tesis doctoral. Facultad de Comunicación de la Universidad de Sevilla, Sevilla, 2017.
— *Hijos del Cielo. Las huellas del cosmos en la cultura humana,* Ediciones Martínez Roca, Barcelona, 2018.
— *La verdad de la pandemia. Quién ha sido y por qué,* Ediciones Martínez Roca, Barcelona, 2020.
— *La Tercera Guerra Mundial ya está aquí,* Ediciones Martínez Roca, Barcelona, 2021.

MILLS, C. Wright, *La élite del poder,* Fondo de Cultura Económica, México D. F., 1993.

MUÑOZ, Blanca, *La cultura global. Medios de comunicación, cultura e ideología en la sociedad globalizada,* Pearson Educación, Madrid, 2005.

MUSK, Elon, «Making Humans a Multi-Planetary Species», publicado el 1 de junio de 2017. En https://doi.org/10.1089/space.2017.29009.emu

PALUMBO, Matt, *The Man Behind the Curtain. Inside the Secret Network of George Soros,* Simon & Schuster, Nueva York, 2022.

PECAUT, Daniel y WRENN, Corey, *La Universidad de Berkshire Hathaway: 30 años de aprendizajes de Warren Buffett y Charlie Munger,* Deusto, Barcelona, 2022.

QUIGLEY, Carroll, *Tragedy & Hope. A History of the World in Our Time,* Macmillan, Nueva York, 1966.

RANDALL, David, BURGGREN, Warren y FRENCH, Kathleen, *Animal Physiology: Mechanisms and Adaptations,* Freeman & Co, Nueva York, 2002.

REIG, Ramón, *Periodismo de investigación y pseudoperiodismo,* Libertarias Prodhufi, Madrid, 2000.

— *Dioses y diablos mediáticos. Cómo manipula el Poder a través de los medios de comunicación,* Urano, Barcelona, 2004.

— *Los dueños del periodismo. Claves de la estructura mediática mundial y de España,* Gedisa, Barcelona, 2011.

ROBIN, Anthony, *Complete Biography of Elon Musk,* edición independiente, 2022.

ROCA JIMÉNEZ, Alcides, *El poder, la patología del poder y otros asuntos más,* Universidad Nacional Mayor de San Marcos, Lima, 1999.

SALBUCHI, Adrián, *El cerebro del mundo. La cara oculta de la globalización,* Editorial Solar, Bogotá, 2003.

— *Bienvenidos a la jungla. Dominio y supervivencia en el Nuevo Orden Mundial,* Anábasis, Madrid, 2005.

SCHMIDT, Eric y ROSENBERG, Jonathan, *How Google Works,* Grand Central Publishing, Nueva York, 2014.

SCHROEDER, Alice, *La bola de nieve: Warren Buffett y el negocio de la vida,* Valor Editions de España, Barcelona, 2018.

SCHWAB, Klaus, *La cuarta revolución industrial,* Debate, Barcelona, 2016.

— y MALLERET, Thierry, *COVID-19. El gran reinicio,* Forum Publishing, Nueva York, 2020.

SOROS, George, *En defensa de la sociedad abierta,* Paidós, Barcelona, 2020.

SOTO NAVARRO, Susana, «La delincuencia en la agenda mediática», *Revista Española de Investigaciones Sociológicas,* núm. 112, 2005, págs. 75-130.
STAGLIANÒ, Riccardo, *Bill Gates. Una biografía no autorizada,* Ediciones Folio, Madrid, 2005.
STERN, John Allen, *C. D. Jackson. Cold War Propagandist for Democracy and Globalism,* University Press of America, Maryland, 2012.
STONE, Brad, *La tienda de los sueños. Jeff Bezos y la era de Amazon,* Anaya, Madrid, 2014.
— *Amazon desatado. Jeff Bezos y la invención de un imperio global,* Indicios, Madrid, 2021.
TIFFEN, Rodney, *Rupert Murdoch. A Reassessment,* ReadHowYouWant, Nueva York, 2014.
TURIENZO, Laureano, *Jeff Bezos: el genio visionario y controvertido detrás de Amazon,* Almuzara, Córdoba, 2022.
VAN DER PIJL, Kees, *Transnational Classes and International Relations,* Routledge, Londres, 1998.
VANCE, Ashlee, *Elon Musk. El empresario que anticipa el futuro,* Península, Barcelona, 2018.
VANDER HOOK, Sue, *Rupert Murdoch. News Corporation Magnate,* Essential Library, Londres, 2011.
VV. AA., *Building Design and Journalism Cultures in Australia and the UK (1855-2010),* Routledge, Londres, 2022.
WATSON, Jamantha W., *Mark Zuckerberg: Media Magnate,* edición independiente, 2022.
WOLFF, Michael, *The Man Who Owns the News. Inside the Secret World of Rupert Murdoch,* Crown, Nueva York, 2010.

— *et al., Rupert Murdoch. The Master Mogul of Fleet Street: 24 Tales from the pages of Vanity Fair,* versión Kindle, Vanity Fair, Nueva York, 2012.

— *Fuego y furia. En las entrañas de la Casa Blanca de Trump,* Península, Barcelona, 2018.

YOUNG, Sally, *Paper Emperors. The Rise of Australia's Newspaper Empires,* NewSouth Publishing, Sídney, 2019.